O QUE OS PARES DE TELETANDEM (NÃO) NEGOCIAM

DANIELA NOGUEIRA DE
MORAES GARCIA

O QUE OS PARES DE TELETANDEM (NÃO) NEGOCIAM

PRÁTICAS PARA UM NOVO CONTEXTO ONLINE, INTERATIVO PARA O ENSINO/APRENDIZAGEM DE LÍNGUAS ESTRANGEIRAS NO SÉCULO XXI

editora
unesp

Direitos de publicação reservados à:
Fundação Editora da UNESP (FEU)

Praça da Sé, 108
01001-900 – São Paulo – SP
Tel.: (0xx11) 3242-7171
Fax: (0xx11) 3242-7172
www.editoraunesp.com.br
www.livraria.unesp.com.br
feu@editora.unesp.br

CIP – BRASIL. Catalogação na publicação
Sindicato Nacional dos Editores de Livros, RJ

G199q

Garcia, Daniela Nogueira de Moraes
    O que os pares de Teletandem (não) negociam: práticas para um novo contexto online interativo para o ensino/aprendizagem de línguas estrangeiras no século XXI / Daniela Nogueira de Moraes Garcia. São Paulo: Editora Unesp, 2013.
    Recurso digital : il.

    Formato: epub
    Requisitos do sistema: Adobe Digital Editions
    Modo de acesso: World Wide Web
    ISBN 978-85-393-0416-5 (recurso eletrônico)

    1. Educação – Estudo e ensino. 2. Ensino à distância. 3. Linguagem e línguas 4. Livros eletrônicos. I. Título.

13-01611   CDD: 370
                                       CDU: 37

Este livro é publicado pelo projeto *Edição de Textos de Docentes e Pós-Graduados da UNESP* – Pró-Reitoria de Pós-Graduação da UNESP (PROPG) / Fundação Editora da UNESP (FEU)

Editora afiliada:

Asociación de Editoriales Universitarias de América Latina y el Caribe

Associação Brasileira de Editoras Universitárias

A Deus

Agradecimentos

A Deus, pelo sustento em todos os momentos e por me permitir realizar este sonho.

Ao professor João A. Telles, idealizador do Teletandem, pelas preciosas conversas neste caminhar acadêmico e pela rica oportunidade de trabalho no Projeto Teletandem Brasil e no Laboratório de Teletandem de Assis.

Aos professores Maria Helena Vieira Abrahão, Douglas Altamiro Consolo, Vera Lúcia Menezes de Oliveira e Paiva e Vilson Leffa, pelos importantes apontamentos feitos na pesquisa desenvolvida que culminou na publicação deste livro.

A todos alunos que já passaram pela rica experiência das interações em teletandem.

Aos orientadores e monitores do Laboratório de Teletandem de Assis, pelo excelente trabalho voluntário desenvolvido.

A todos pesquisadores do Projeto Teletandem Brasil, pelo ânimo e paixão em desbravar os novos contextos de aprendizagem de línguas.

À Fundação de Amparo à Pesquisa do Estado de São Paulo (Fapesp), pelo apoio financeiro concedido ao Projeto Teletandem Brasil.

À Reitoria da Universidade Estadual Paulista "Júlio de Mesquita Filho" (Unesp), pelas oportunidades e incentivo à produção científica.

À pessoa que me proporcionou dias tão melhores com sua existência...vó Ziza (*in memoriam*).

À tia Raquel, pela torcida sempre.

Aos meus pais, Enio e Salviana, guerreiros de sempre, meu porto seguro, e minhas irmãs, Camila e Carolina, minhas preciosidades.

Ao meu esposo, Joelson, pelo apoio incondicional no cultivo dos meus sonhos, e aos meus filhos, Arthur e Manuela, que abrilhantam meus dias.

E, a todos os anjos, que Deus, mais uma vez, usou para me auxiliar nesta árdua caminhada.

Meus sinceros agradecimentos.

SUMÁRIO

Apresentação

Todos nós conhecemos a fábula de Esopo, aquela em que os ratos eram constantemente surpreendidos pelo gato, que se aproximava silenciosamente e não dava condições para que os ratos conseguissem salvar-se a tempo em algum esconderijo. Reunidos em assembleia, um rato jovem sugeriu que a solução seria amarrar um sino no pescoço do gato. Aplausos gerais, até que um velho rato se levantou e disse, "é uma ótima ideia, mas quem colocará o sino no pescoço do gato?". A moral da história é de que "falar é fácil, fazer é que é difícil".

No ensino da língua estrangeira, temos uma situação muito parecida. Já ouvi inúmeras vezes que a melhor maneira de aprender uma língua estrangeira é morar no país onde a língua é falada, convivendo com as pessoas e usando a língua na prática social do dia-a-dia. Obviamente ninguém duvida de que essa seria a melhor maneira de adquirir a língua estrangeira; o problema é como proporcionar essa imersão para o aluno.

Esse é exatamente o problema abordado neste livro: como proporcionar ao aluno do Brasil, que estuda uma língua estrangeira, um contato autêntico com falantes da outra língua. A solução, conforme demonstra a autora, está no uso das Tecnologias de Informação e Comunicação (TICs), que estão a cada dia se tornando mais acessíveis à população. Atualmente é possível a um aluno do Brasil conversar com praticamente qualquer pessoa de qualquer lugar do mundo por meio de um computador conectado à internet, a um custo que corresponde a uma fração de uma chamada local de telefone. Na maior parte das vezes o problema não é financeiro, mas de falta de domínio do instrumento por parte das pessoas envolvidas, resultando em laboratórios de informática instalados nas escolas que não chegam a ser abertos para os alunos.

A capacidade de negociar e tentar chegar a um acordo para resolver os inúmeros problemas encontrados é um aspecto importante em todo esse processo. Parodiando Goethe, podemos dizer que não basta saber, não basta desejar, é preciso negociar. Esse é o tema principal do livro, um aspecto que extrapola o uso da tecnologia e transborda para o nosso cotidiano.

O livro serve também para detalhar um projeto de pesquisa que se consolida no Brasil e que é conhecido no exterior: o Projeto Teletandem Brasil: Línguas estrangeiras para todos. Não só define os princípios do Teletandem, com base na reciprocidade, bilinguismo e autonomia, mas também demonstra, de maneira bem clara, os caminhos que devem ser seguidos por quem desejar implantar um projeto semelhante.

Há muitas maneiras de aprender uma língua estrangeira e o que parecia inviável há alguns anos, como pendurar o sino no pescoço do gato, agora se torna possível com o uso das TICs. É o que mostra este livro. Falar é fácil, mas fazer também é possível.

Vilson J. Leffa

Introdução

Nas parcerias em tandem, alunos de diferentes línguas, culturas e formação são colocados juntos, a fim de desenvolverem a troca linguística e atingirem os objetivos propostos. Trata-se de uma prática que foi desenvolvida na Alemanha, no final da década de 1960 e muito comum em continente europeu mediante a facilidade de acesso aos povos, suas culturas e línguas estrangeiras. No Brasil, a situação é diferente tendo em vista barreiras geográficas e financeiras.

Assim, a partir das novas Tecnologias de Informação e Comunicação (TICs), com ênfase nos computadores e no grande potencial da internet, o contexto teletandem (Telles, 2006) inova o cenário educacional brasileiro de línguas estrangeiras, com o seguinte lema: *línguas estrangeiras para todos*. Nas interações em teletandem, pares de falantes de diferentes línguas (nativos ou proficientes) realizam sessões bilíngues de conversação por meio de aplicativos de mensagens instantâneas como Skype ou ooVoo e seus recursos de áudio, vídeo e escrita, podendo, assim, exercitar as quatro habilidades linguísticas, independentemente do país em que estejam os falantes.

No teletandem, a (co)construção da autonomia é vivenciada pelos pares. Assim, o professor deve auxiliar os alunos para que o ensino/aprendizagem sejam maximizados, ajudar os parceiros a ensinar e aprender, trazendo fins pedagógicos para a relação, além de mediar os processos no teletandem. Nessa proposta, o professor não somente transmite o conhecimento e o aluno, não somente o recebe mas há uma reformulação de papéis e posturas a partir das inovações tecnológicas.

O ensinar e o aprender começam a ser complementados (e não substituídos) pelo aparato tecnológico. No teletandem, os pares encontram um ambiente para testarem, experimentarem ações e conhecimentos, sendo responsáveis por suas atitudes e pela maneira de conduzi-las. O envolvimento do aluno com a aprendizagem também se faz muito presente, primeiramente por contar com o aparato tecnológico que é um diferencial do ambiente da sala de aula.

Considerando as novas demandas das conexões à internet, a proposta do presente volume é oferecer subsídios que inspirem e auxiliem as práticas pedagógicas desenvolvidas nas aulas de línguas estrangeiras em institutos de idiomas, escolas da rede e privadas a partir dos processos de acordos e negociação na comunicação entre as parcerias de teletandem. Espera-se que os professores se beneficiem das experiências aqui retratadas e que a reflexão sobre os papéis dos aprendizes e dos educadores e o processo de aprender e ensinar línguas seja fomentada com vistas à maximização da aprendizagem.

Os capítulos que seguem abordam as TICs no ensino/aprendizagem de línguas estrangeiras e as práticas em tandem de modo que os potenciais tecnológicos sejam utilizados para auxiliar professores e alunos a se engajarem em uma nova área de aprendizagem, descentralizada e motivadora, que promove a telecolaboração e a construção de conhecimento.

Contemplo grande potencial no contexto teletandem, que perpassa pela (tele)colaboração e permite que os parceiros desenvolvam posturas autônomas, tomando decisões e participando ativamente da construção e estruturação de seu conhecimento. Trata-se de um espaço privilegiado para aprendizes, professores e práticas pedagógicas reflexivas calcadas em ensino e aprendizagem, um espaço que deve fazer parte da formação inicial e continuada.

1
O ENSINO/APRENDIZAGEM DE LÍNGUAS ESTRANGEIRAS E AS TECNOLOGIAS DE INFORMAÇÃO E COMUNICAÇÃO (TICs)

O ensino/aprendizagem de línguas estrangeiras e as TICs

A rápida propagação das novas Tecnologias de Informação e Comunicação (TICs) no mundo moderno, assim como, sua relevância são inquestionáveis. As conexões à internet trouxeram mudanças para os mais diversos setores em nossa sociedade, criando novos espaços, com horizontes não tão definidos ainda. Moreira (2004, p.128) identifica nas novas tecnologias um "campo de estudo complexo, multifacetado e instável".

Thorne (2008) sugere que, ao longo da variada história da organização social da humanidade, as TICs exercem efeitos complexos nos processos que medeiam. Dessa forma, são para esses processos que a atenção se volta, principalmente no que diz respeito às ações pedagógicas no ensino e aprendizagem de Línguas Estrangeiras (LEs).

Assim, diante do diálogo entre a expansão do uso dos computadores e da internet com o ensino de LEs, principalmente, considerando-se o território brasileiro e sua posição geográfica, fica claro que o distanciamento dos outros países, dos povos, das línguas e das culturas é sobressalente. Telles (2006) aponta desafios e limitações geográficas, sociais, tecnológicas, econômicas e formativas que encontramos no Brasil com vistas ao acesso às línguas estrangeiras. O autor identifica, entretanto, novas conjunturas e condições proporcionadas pelo desenvolvimento das comunicações mediadas pelos computadores para tais desafios. A internet possibilita oportunidades e o acesso a pessoas e informações. Assim, observa-se que o contato e o acesso às diferentes culturas e línguas, antes possível somente pelos cursos e intercâmbios com altos custos, agora é promovido de forma rápida e barata. A conexão e comunicação com o mundo e a busca de informações ocorrem em questão de segundos. Na esfera educacional, esse encurtamento de fronteiras a partir da internet traz grandes benefícios a aprendizes e educadores.

As novas tecnologias abrem um mundo de possibilidades e, na posição de educadora e formadora de professores, é importante analisá-las de forma a maximizar o acesso às diferentes línguas, culturas e falantes.

De acordo com Vassallo e Telles (2009), amplas perspectivas são oferecidas a professores de alunos de LEs pelos novos ambientes de aprendizagem mediados pelo computador, e essas podem ser reforçadas se esses ambientes estiverem associados aos recursos de escrita, voz e imagem. Para os autores, os aprendizes agora "[...] podem ter acesso direto à comunicação do dia-a-dia, em diferentes línguas e com diferentes pessoas ao redor do mundo, via internet" (Vassallo; Telles, 2009, p.41).

Claro está que a internet tem afetado a comunicação pelo mundo e, por consequência, o ensino/aprendizagem de línguas estrangeiras. Heide e Stilborne (2000, p.22) declaram que "o crescimento fenomenal da internet é um indicador do impacto que essa tecnologia finalmente terá". Verifica-se, assim, que a comunicação no meio virtual tende a alcançar rapidamente todas as esferas de nossa sociedade, com reflexos mais marcantes, acredito, no ensino e aprendizagem de língua estrangeira. Cziko (2004) certifica-se que com o crescimento da internet, estabelecendo ligações entre instituições, negócios e lares pelo globo, cresce, também (e consequentemente), a necessidade de conhecimento de línguas e culturas estrangeiras.

Os computadores e as potencialidades da rede se tornam indispensáveis para aqueles que já os desfrutaram, principalmente aqueles envolvidos com o ensino e aprendizagem de LEs. Souza e Almeida (2007) reconhecem o aumento do interesse nas potencialidades do ensino de línguas mediado pelo computador, tendo-se em vista a difusão dos computadores, a consagração das tecnologias de comunicação e troca de dados na rede.

As potencialidades da combinação computador e internet se configuram em um amplo território para construir, destruir, aprender, ensinar, achar, perder, praticar. Todavia, da mesma forma que se identificam potencialidades, é necessário, também, que se tenha em mente que limitações e barreiras existem e que esta amplitude deve ser desfrutada de forma responsável e organizada.

Diante dos adventos tecnológicos, um novo cenário se instaura. Os tempos são outros, a modernidade e as diversas possibilidades da tecnologia já afetaram o cotidiano, de modo especial, o ensino e a aprendizagem. Novas tendências e, por que não dizer, avanços começam a se delinear nas propostas pedagógicas, envolvendo a figura do professor e a do aprendiz, as práticas educacionais e o processo de ensino e aprendizagem de LEs.

A internet e seus distintos e multifacetados aspectos têm sido amplamente abordados na literatura. Paiva (2005) reconhece a internet como um ambiente facilitador e afirma que:

> Acredito que a Internet ofereça um ambiente propício para que as pessoas possam interagir, trocar opiniões e participar de projetos colaborativos. Não há mais barreiras espaciais e temporais, desde que o indivíduo tenha acesso a um terminal de computador conectado à Internet.

Compartilho com a autora a percepção da internet como esse ambiente propício para a interação, para troca de opiniões, sem barreiras temporais e espaciais.

Heide e Stilborne (2000, p.16) reconhecem o potencial da internet:

Acreditamos profundamente que a Internet é uma força poderosa para ajudar os alunos a desenvolverem um sentido de responsabilidade pessoal com seu próprio aprendizado. Eles expandem seus horizontes, aprendendo a comunicar-se, a colaborar e, de fato, a aprender.

Ela também é vista como um ambiente descentralizador, favorecedor de práticas que cedam espaço e privilegiem os alunos, como afirma Paiva (2001b):

> Esse ambiente, além de ser mais propício a um tipo de educação menos conservadora, representa um estímulo a abordagens de ensino mais centradas no aluno.

Com as tecnologias, ambientes interativos emergem e configuram-se como oportunidades profícuas para comunicação, informação, ensino e aprendizagem, possibilitando complementação da instrução, antes só realizada em sala de aula, com foco no professor e nos conhecimentos transmitidos.

Paiva (2005) reconhece que a interação e a aprendizagem de línguas mediadas pelo computador têm promovido crescentes produções acadêmicas, o que reforça sua importância nos dias atuais. Assim, a partir das necessidades dos aprendizes e do impacto dos avanços tecnológicos, o interesse pelo ensino de línguas estrangeiras por meio do computador tem se confirmado envolvendo até a Educação à Distância (EAD). A Computer-Mediated Communication (CMC) ou a Computer Assisted Language Learning (CALL) têm se destacado e se constituído fortes frentes na educação. Salaberry (1996) já apontava a CMC e seus benefícios pedagógicos como um dos assuntos mais discutidos no ensino de línguas estrangeiras.

O estudo de Cziko (2004, p.31) aponta vantagens e desvantagens da CMC. O autor reconhece como vantagens: (a) o baixo ou a isenção de custo por minuto (além do custo da conexão da Internet); (b) a ampla gama de possibilidades multimediais, incluindo texto, áudio e vídeo de forma assíncrona e síncrona.

E lista como desvantagens: (a) a necessidade dos equipamentos do computador; (b) os custos de conexão à Internet; (c) as complicações em instalar o hardware e software necessários (ibidem, p.31). É preciso que se considerem tanto as vantagens e as desvantagens para que também não se haja um extremo positivismo em relação à CMC.

A CALL surgiu na década de 1960 e tem passado por transformações a partir de novas ideias e usos atribuídos ao computador (Warschauer, 2004). Warschauer e Kern (2000) apontam uma complexa sobreposição de três perspectivas teóricas na história do ensino de línguas: estrutural, cognitivo e sociocognitiva, influenciando o uso dos computadores no ensino de línguas.

Para Lee (2000), a CALL pode contribuir para (a) aprendizagem experimental, (b) motivação, (c) aumentar as conquistas dos alunos, (d) oferecer materiais autênticos de estudo, (e) maior interação, (f) individualização, (g) independência de uma única fonte de informação, (h) percepção global.

É possível notar, assim, o grande potencial da associação internet e ensino/aprendizagem de LEs. Todavia, nem tudo é maravilhoso e lógico, como pode parecer. Certamente que empecilhos e dificuldades fazem parte dos trabalhos e projetos desenvolvidos, mas é preciso ter em mente que a realidade, em constante movimento a partir das tecnologias, demanda mudanças.

As práticas pedagógicas consideradas arcaicas podem ser inovadas para comporem um cenário educacional mais significativo. Por arcaicas, reconheço as práticas que ignoram o conhecimento que possui e o ser humano que é o aluno, são as práticas impositivas que exigem memorização e não promovem reflexão ou interação. As novas ferramentas e oportunidades de telecolaboração com vistas ao ensino e aprendizagem de LEs devem envolver aprendizes e professores e corroborarem para uma relação hegemônica de coconstrução do saber, quer em institutos de idiomas, escolas ou universidades.

A telecolaboração envolve o uso de redes globais de comunicação no ensino/aprendizagem de línguas estrangeiras (Belz, 2002a, 2003a, 2003b). A seguinte definição é proposta por Belz (2003a):

A telecolaboração envolve a aplicação de redes globais de computador para o ensino/aprendizagem de língua estrangeira e segunda língua em ambientes institucionalizados. Nas parcerias telecolaborativas, aprendizes, internacionalmente distantes, paralelamente às aulas de línguas, usam ferramentas de comunicação propiciadas pela Internet como e-mail, bate-papo, listas de discussão, e MOOs (assim como outras formas de comunicação eletronicamente mediada), como suporte para a interação social, diálogo, debate e troca intercultural. A razão imbricada neste tipo de aprendizagem é oferecer aos participantes o acesso barato e engajamento com representantes da respectiva "línguacultura" (Angar, 1994) estudada. A telecolaboração pode ter um valor específico para os estudantes que não possuem a oportunidade significativa (orientada pelo professor) de interagir com pessoas de outras culturas.

Para Ware e O'Dowd (2008), as ferramentas de comunicação online tem sido alvo de discussão pela comunidade de ensino de línguas estrangeiras, sendo possível identificar dois estágios, um no qual a comunicação se dava na aula com alunos estrangeiros e outro no qual se observa o ensino de línguas baseado na rede no final dos anos 1990. Neste estágio, os alunos são associados a outros contextos para formar parcerias internacionais, denominadas telecolaboração, visando auxiliar o desenvolvimento linguístico e pragmático e a consciência intercultural. De acordo com os autores, as pesquisas recentes têm explorado, em profundidade, as diferentes configurações da telecolaboração e o impacto no desenvolvimento linguístico dos estudantes a partir da interação online com pares usando a língua-alvo.

É possível perceber que a telecolaboração abarca objetivos não somente linguísticos mas, também, de desenvolvimento da competência intercultural. Assim, as vozes e os papéis dos aprendizes e do professor podem constituir um novo quadro na educação. As tecnologias e as ações telecolaborativas permitem um compartilhar de saberes e não vem para eliminar pessoas e acrescentar máquinas, mas impõem adequações de papéis que não mais de ajustam às necessidades visando oportunidades enriquecedoras de ensino e aprendizagem.

A democratização do "poder", a divisão equilibrada de turnos na fala, a relevância e vivência real do processo de ensino e aprendizagem devem fazer parte deste novo quadro ao qual me refiro.

Ensinar e o aprender línguas não podem mais serem vistos somente como domínio de normas e formas, mas, a partir das tecnologias e da quebra das barreiras geográficas pelas conexões à internet, podem e devem ser vistos como uso das línguas em situações reais e relevantes de comunicação, como desenvolvimento de habilidades e competências para acesso aos falantes, aos países, às culturas estrangeiras.

Além das práticas educacionais, muitas vezes, inapropriadas ou descontextualizadas, também deve ser levado em consideração o ambiente no qual ocorre o ensino e a aprendizagem. Cziko (2004) menciona os ambientes formal e informal, o primeiro formado por uma sala de aula, alunos e instrução e o segundo caracterizado pela aquisição da língua em comunicação autêntica fora do ambiente escolar. Cziko (2004, p.26) aponta cinco limitações óbvias que dizem respeito à aquisição de segunda língua (L2) em ambientes escolares:

1. exposição limitada à L2;
2. oportunidades limitadas à produção de L2
3. exposição à L2 imprecisa e não nativa vinda de colegas de sala
4. oportunidades limitadas para a comunicação em uma gama variada de contextos físicos e sociolinguísticos
5. limitada habilidade linguística e conhecimento cultural de muitos professores não nativos de L2 que oferecem um modelo não ideal de L2 e a respectiva cultura aos aprendizes.

Sobre as limitações, o autor reconhece que elas "[...] impõem sérias restrições em relação à quantidade, qualidade e variedade à exposição, produção e oportunidades de prática de L2 que os alunos têm acesso em típicos ambientes escolares de L2" (ibidem, p.26, tradução nossa).

É necessário fazer associações e buscar o que de melhor o ambiente escolar tem a oferecer, assim como o tecnológico. Cziko (ibidem, p.26, tradução nossa) trata de um "[...] terceiro ambiente, menos conhecido, para a aquisição de L2, denominado aprendizagem de línguas em tandem [...]". Afirma que apresenta características de ambientes naturais e de instrução formal, combinando os melhores aspectos de ambos.

Este *terceiro ambiente* (Cziko, 2004) surge a partir da ascensão das tecnologias e das reais necessidades no ensino e aprendizagem de línguas estrangeiras em busca de preencher lacunas e sanar dificuldades de professores e aprendizes.

2
O CONTEXTO DE APRENDIZAGEM EM TANDEM: UM POUCO DO QUE VEIO ANTES

Introdução

A falta de atenção dada à combinação da aprendizagem autônoma de línguas estrangeiras e a comunicação autêntica com falantes nativos é notada por Brammerts (2003). Esta não foi e não tem sido uma preocupação recorrente em cenário brasileiro, considerando-se a dificuldade de contato com falantes nativos em termos geográficos e financeiros. Todavia, a partir das conexões à internet e dos aplicativos de mensagens instantâneas, é possível associar a aprendizagem autônoma em tandem e o acesso aos falantes nativos.

É importante salientar que, a partir das tecnologias, esta possibilidade existe e tem sido experimentada, ainda por poucos, no Brasil. Acredito, entretanto, que este seja o início de uma longa, mas desafiadora e promissora, caminhada.

Neste momento, abordo aspectos da aprendizagem em tandem, muito comum na Europa desde os anos 1960 e que serve de base para a compreensão das experiências aqui retratadas.

Concebido na Alemanha, o termo tandem e sua definição passou por alterações ao longo dos anos e das práticas vigentes e hoje os princípios norteadores e questões mais específicas podem ser contempladas com mais foco na literatura (Vassallo; Telles, 2009).

Segundo Little et al. (1999, p.1, tradução nossa), "a aprendizagem de línguas estrangeiras em tandem é uma forma aberta de aprendizagem que envolve dois aprendizes de línguas nativas diferentes que trabalham juntos no intuito de aprender a língua do outro".

Inicialmente em sua criação, a metáfora da bicicleta de dois assentos, permitia a visualização da proposta, ou seja, referindo-se à uma parceria que exige que interesses, esforços e responsabilidades sejam mutuamente compartilhados pelos participantes para que o processo seja bem-sucedido (Schwienhorst; Borgia, 2006). Todavia, analisando esta metáfora, é possível depreender que os objetivos necessariamente têm que ser os mesmos visto que a bicicleta conduz à uma mesma direção, além da dominância de quem a conduz. Não denota a reciprocidade, a troca de papéis, não demonstra claramente os procedimentos e pilares da aprendizagem em tandem (Brammerts, 2008). A imagem de um barco à vela é sugerida por Brammerts (2008) para melhor compreensão dos princípios das práticas em tandem.

Para Telles (2009, p.17), a parceria pode ser realizada com falantes "nativos ou competentes". No Brasil há grande demanda pela aprendizagem de línguas estrangeiras, todavia, isso não ocorre no exterior na mesma proporção com a língua portuguesa. Uma outra questão a ser considerada, segundo ele, é a não aceitação da hegemonia e da ideologia do falante nativo. Assim, justifica-se a afirmação do autor ao não delimitar a parceria somente com as línguas maternas dos aprendizes, mas envolvendo também a língua de proficiência.

O compartilhar torna-se imprescindível nas parcerias em tandem, pois os aprendizes devem se apresentar e se comportar como parceiros que possuem objetivos (muitas vezes diferentes) a serem alcançados na língua-alvo e com responsabilidades assumidas perante o outro. É importante que os aprendizes avancem rumo às metas e compromissos previstos na parceria. Dessa forma, considerando-se os objetivos de cada parceiro, as decisões não deveriam ser aleatoriamente tomadas, mas previamente discutidas para evitar conflitos que possam prejudicar o bom andamento das atividades.

É necessário que, em conjunto, as ações sejam analisadas e experimentadas pelos pares, ou seja, negociadas.

Brammerts (1995, p.10) aponta os seguintes objetivos para a aprendizagem em tandem: (a) aprender mais acerca do caráter e da cultura do outro; (b) ajudar um ao outro para melhorar as habilidades linguísticas (c) e, frequentemente, também trocar conhecimento complementar – por exemplo, a respeito da vida profissional.

Segundo O'Rourke (2005, p.434, tradução nossa), a aprendizagem de línguas em tandem constitui-se "um uso pouco explorado, mas potencialmente muito poderoso da Comunicação Mediada pelo Computador (CMC) no estudo dos métodos de ensino de segunda língua". Vassallo e Telles (2006, p.83) não consideram o tandem como um método, mas como um contexto, um "contexto autônomo, recíproco e colaborativo de aprendizagem" e que "não enfoca simplesmente a aprendizagem, mas a experiência *na* língua estrangeira" (Vassallo; Telles, 2009, p.40).

A aprendizagem em tandem não é uma forma diretiva na qual alunos e conteúdos são moldados segundo princípios de uma determinada abordagem ao ensino de Língua Estrangeira (LE). É um contexto que preza pela interação espontânea e compartilhada e pela construção da autonomia dos aprendizes. Não se trata de um conjunto de ações aleatórias, mas sim uma forma de interagir e compartilhar informações que, com sugestões e não diretrizes, permite que o processo de aprendizagem da LE seja maximizado e direcionado pelos próprios aprendizes, no que diz respeito aos objetivos, formas de aprender, de corrigir, frequência de encontros entre outras coisas.

De acordo com o *website* da Tandem Fundazioa,[1] um centro de formação de professores que, também, desenvolve material para o ensino de línguas e trocas culturais pelo mundo, o lema para o tandem é "Para entender melhor um ao outro, eu te ajudo a aprender e você me ajuda a aprender". Tem-se que o tandem refere-se a "mais que somente aprender línguas e mais que somente entender pala-

---

1 Disponível em: <http://www.tandemcity.info/>.

vras" e que se trata do "modo mais ativo de aprender, para todos que querem aprender de forma criativa, divertir-se e ganhar uma nova experiência ao mesmo tempo". O foco no uso autêntico da língua é mencionado por Little et al. (1999) e a aprendizagem como objetivo da comunicação em tandem é comentada por Delille e Chichorro Ferreira (2002) e Brammerts (2003). Brammerts (1995) afirma que a base da aprendizagem in--tandem está na comunicação, envolvendo diferentes comunidades linguísticas e culturais.

Há consenso entre os estudiosos e pesquisadores acerca dos benefícios da modalidade tandem no que diz respeito ao acesso não somente à prática linguística, mas à comunicação autêntica e o contato intercultural. Brammerts (2003, p.28, tradução nossa) enfatiza tal combinação entre "aprendizagem e comunicação intercultural autêntica". Também para Lewis (2003, p.171, tradução nossa), uma questão benéfica para nossos alunos é que "a aprendizagem em tandem exige e promove não somente a troca de conhecimento linguístico, mas também o compartilhar de experiência intercultural". Já para O'Rourke (2005, p.434, tradução nossa), "o tandem oferece benefícios de interação autêntica e cultural além de promover um foco pedagógico entre os participantes".

Para Vassallo e Telles (2009, p.26), além de outras coisas, a aprendizagem em tandem permite "aos professores de línguas estrangeiras a possibilidade de colocar seus alunos em contato natural com falantes proficientes (ou nativos) por meio de interações pessoais, objetivas diretas". Combinando formalidade e informalidade, o contexto tandem se mostra bastante profícuo para o surgimento de posturas e situações de ensino e aprendizagem descentralizadoras, ultrapassando repetições de modelos e estruturas gramaticais e, acima de tudo, proporcionando experiências reais de comunicação e a construção de autonomia e relações.

Brammerts e Calvert (2003, p.46, tradução nossa) afirmam que o valor da parceria em tandem é o acesso de cada participante ao conhecimento do outro e afirmam que a comunicação em tandem "oferece a oportunidade aos parceiros para avaliar sua própria aprendizagem, corrigir um ao outro e pedir e receber ajuda do parceiro".

Assim, percebe-se que a autonomia está infiltrada nas ações de correção, de pedidos, de avaliação. E, além de promover a autonomia, essas ações irão evocar os processos de acordos e negociações entre os pares à medida que conquistam seu espaço. Também aprendem a respeitar o espaço de seu parceiro, ora cedendo, ora recebendo com vistas a benefícios que atinjam os dois parceiros na mesma proporção e uma relação de harmonia e sucesso na aprendizagem em tandem.

Vassallo e Telles (2009) acreditam as práticas em tandem não podem ser classificadas como uma conversa comum e nem como aulas particulares de língua com professores de língua estrangeira. Assim, ainda que duas pessoas se encontrem e se comuniquem em determinada língua estrangeira, a prática da aprendizagem em tandem contempla propósitos pedagógicos, compromisso, responsabilidades assumidas, regularidade, critérios de avaliação, correção. Dessa forma, simples bate-papos e aulas particulares não podem ser classificadas como ações em tandem. Não se trata de uma aula particular com um professor, pois na aprendizagem em tandem o ensinar não se delineia no conceito original da palavra, mas se transfigura em auxílio. O par mais proficiente auxilia, oferece condições e andaimes (Hartman, 2002) para que o menos proficiente atinja os objetivos propostos.

É importante observar que, no tandem, a possibilidade de uso da língua em situações reais de comunicação além do contato com o falante e sua cultura se apresenta como um diferencial bastante positivo em contraposição à educação em ambientes escolares tradicionais.

Pilares da aprendizagem em tandem

Três pilares são ser considerados primordiais para a aprendizagem em tandem e foram apresentados detalhadamente por Little e Brammerts (1996) e na Eurocall 1997 Conference (Little e Ushioda, 1997), como nos informa Schwienhorst (1998). São princípios que implicam diretamente no sucesso ou não de uma parceria, a saber: a reciprocidade, o uso separado de línguas e a autonomia.

A reciprocidade é o princípio segundo o qual cada aprendiz deve se beneficiar igualmente da parceria, recebendo e oferecendo ajuda. Trata-se de uma interdependência entre os parceiros, com igual dedicação à sua língua e a do outro. Brammerts (2003) declara que a parceria só vai durar se ambos se beneficiarem dela (de preferência, na mesma proporção) e que, em tandem, os parceiros apoiam um ao outro na aprendizagem. Segundo Brammerts (2003, p.32, tradução nossa): "Os dois se corrigem, sugerem formulações alternativas, ajudam com o entendimento de textos, traduzem, explicam significados etc.".

De acordo com Vassallo e Telles (2009), não há compromissos financeiros entre os pares de tandem. Os parceiros não recebem pagamento pelas sessões em tandem pois não são aulas particulares, mas sim um compromisso mútuo assumido para aquisição e compartilhamento de conhecimento linguístico e cultural. Para os autores, o princípio da reciprocidade "promove a autoestima e coloca os parceiros em posições de equidade" (2009, p.24).

O segundo princípio, ligado à reciprocidade, implica na equidade linguística entre os parceiros. Em outras palavras, este princípio diz respeito ao uso separado das línguas nas sessões em tandem. Cada língua deve ocupar o mesmo espaço de tempo na sessão e, como mencionam Vassallo e Telles (2006, 2009), não deve haver mistura das línguas. O uso separado das línguas é visto pelos autores como um incentivo e um desafio rumo à língua-alvo, ainda que os pares considerem mais fácil e rápido utilizar sua língua de proficiência para a comunicação. Concluem que "[...] este princípio prático tende a promover o compromisso e o envolvimento do aprendiz com a tarefa" (Vassallo; Telles, 2009, p.24).

O terceiro princípio da aprendizagem em tandem é a autonomia. Para Brammerts (2003, p.33, tradução nossa), a autonomia atribui aos aprendizes a responsabilidade pela sua própria aprendizagem. O autor acrescenta, reconhecendo que a autonomia:

[...] confere-lhes a obrigação e a oportunidade de estabelecer suas próprias metas para seu trabalho em tandem, e a pensar a respeito de como essas metas podem ser alcançadas em colaboração com os parceiros de tandem que são falantes nativos da língua estrangeira do parceiro e aprendizes da língua materna do parceiro.

Segundo Vassallo e Telles (2006, p.88, tradução nossa), "os parceiros de tandem são livres para decidir sobre *o quê, quando, onde* e *como* estudar, assim como *quanto tempo* farão as sessões". Nestes indícios de liberdade, os pares buscam, em conjunto, fazer acertos sobre seus (a) objetivos de aprendizagem, (b) da escolha ou não de temas em suas interações, (c) de dias e horários e frequência em que irão se encontrar, (d) dos procedimentos a serem adotados em termos de condução das sessões, mecanismos de correção, avaliação e práticas extrainteração. E, mais uma vez, no exercício de escolhas e decisões, os processos de acordos e negociações podem ser identificados e analisados para que melhor compreender maneira de maximizar a aprendizagem e fomentar atitudes autônomas e reflexivas que dificilmente presenciamos em contextos de educação formal.

De acordo com Vassallo e Telles (2006; 2009), o conceito de autonomia deve ser considerado à luz do contexto no qual é realizado. Os autores diferenciam o *Tandem Institucional* de um *Tandem Independente*, sendo o primeiro em um contexto escolar ou universitário e o outro em uma parceria proveniente de acordos entre os próprios aprendizes. Isso ocorre por conta de questões como controle pedagógico, avaliação e mediação/aconselhamento, os quais, possivelmente, existirão em um contexto institucional, sendo a autonomia um tanto delimitada em contraposição à segunda situação, na qual as decisões ficam todas a cargo dos aprendizes, sem quaisquer intervenções. Os autores defendem que "O *Princípio da Autonomia* é, por certo, importante, porque ele parece controlar os níveis de responsabilidade e poder que o falante proficiente pode ter sobre o processo de aprendizagem do parceiro" (Vassallo; Telles, 2009, p.25).

O potencial para desenvolver a autonomia dos aprendizes é visualizada por Lewis (2003, p.15, tradução nossa) como um dos pontos mais fortes da aprendizagem em tandem, o que confere a eles o potencial para gerenciarem a própria aprendizagem. O autor esclarece que:

> Em termos específicos, se tornar autônomo envolve aprender a analisar as necessidades do outro, estabelecer metas, monitorar o progresso, gerenciar tempo e, no caso da aprendizagem em tandem, trabalhar em parceria...

Para Little (2003, tradução nossa) a autonomia é um termo, muitas vezes, confundido com autoinstrução e que gera dificuldades para uma precisa definição. Ele afirma, todavia, que "há consenso que a prática da autonomia do aprendiz requer percepção, uma atitude positiva, capacidade para reflexão e uma disposição para ser pró-ativo em autogerenciamento e na interação com outros".

Os espaços para o exercício da autonomia não são recorrentes no cenário educacional brasileiro mas começam a surgir a partir da demanda de necessidades do mundo moderno. Sendo assim, a partir das experiências aqui relatadas, percebe-se que os aprendizes brasileiros passam a se lapidar e serem lapidados pelo contexto, pelos seus objetivos e pelos seus pares. Passam a presenciar a autonomia e a vivenciá-la em uma relação de telecolaboração. A reflexão, também, começa a tomar um lugar de importância nas relações com a língua materna, com a língua estrangeira e com o processo como um todo. Dessa forma, rompe-se com a aceitação e imposição outrora notada nos contextos educacionais tradicionais. Os aprendizes passam a questionar, avaliar e, assim, refletir sobre a formação, a informação e o outro.

Diante da autonomia, reciprocidade e bilinguismo no tandem, concordo com Souza (2003b, p.78) "que esses três princípios formam um conjunto bem articulado de pressupostos e direcionamentos de atuação para os participantes dessa proposta pedagógica".

A reciprocidade e a autonomia são fundamentais para a diferenciação da parceria em tandem e *keypals* (amigos por correspondência eletrônica), pois tais conceitos empreendem uma maneira mais disciplinada de se trabalhar, segundo O'Rourke (2005). Como já mencionado, as parcerias se consolidam a partir de propósitos pedagógicos e serão guiadas pelos pilares do tandem, o que não ocorre em outras práticas.

Peculiaridades do contexto tandem

Vassallo e Telles (2009, p.27) reconhecem a importância do contexto tandem. No entanto, acreditam que seja "muito mais rico e complexo do que tem sido demonstrado por esta literatura". Sendo assim, elencam seis peculiaridades deste contexto:

1. Forte associação das dimensões individuais e sociais da aprendizagem de LEs
Para os autores, a individualização e a socialização caminham juntas no contexto tandem. Considerando-se que o currículo não é predeterminado, mas emerge da parceria, dos objetivos e necessidades dos aprendizes, é possível reconhecer que, a partir do aluno, ou seja, da individualização é que a aprendizagem será promovida. Por outro lado, é da relação entre os pares que a interação em tandem acontecerá. Nesse sentido a colaboração é um conceito intrínseco à socialização.

Os autores concluem que "dentro do contexto de aprendizagem em tandem, os dois polos tradicionalmente opostos – o individual e o social – estão associados de modo peculiar, inovador e harmônico" (ibidem, p.28).

Sob uma ótica de contraposição, os conceitos de individualização e socialização provocam certo estranhamento ao serem postos lado a lado nas interações em tandem. Todavia, as experiências que aqui abordo reportam situações nas quais tais conceitos interagem e se complementam muito bem.

2. Os papéis desempenhados pelos pares nas sessões em tandem
Em relação aos papéis dos parceiros de tandem, Vassallo e Telles (2009) reconhecem que não se encaixam como professores e nem como colegas de sala, mas se inserem nas peculiaridades do contexto, incorporando algumas características do aprendiz e do profes-

sor. São parceiros que revezam os papéis de aprendiz ora mais ora menos proficiente, com semelhanças aos papéis do professor. Mas, ao mesmo tempo, que se notam semelhanças, também, visualizam--se diferenças pois o parceiro mais proficiente não se equipara ao professor em termos de exercer poder institucional. Trata-se de uma ajuda vinda de uma pessoa que possua satisfatória competência na língua aprendida pela outra pessoa. É possível reconhecer que, ao se diferenciar de um professor, os pares desfrutam de autonomia para fazerem escolhas, prosseguindo com elas ou modificando-as, se necessário, mediante negociações.

Grande flexibilidade é notada nesses papéis desempenhados pelos aprendizes no contexto tandem e, mais ainda, em se diferenciando dos papéis formais do professor.

Considerando-se a autonomia que pode ser praticada pelos pares, existe maleabilidade para que busquem acordos e remanejamentos diante das necessidades, além de diálogo e avaliação constantes, o que não parece haver em situações formais que envolvem alunos e professores e o ambiente educacional.

Os referidos autores sinalizam para a necessidade de mais investigação acerca das razões pelas quais os papéis dos parceiros de tandem incorporam características distintas de outros contextos de ensino e aprendizagem e, também, das relações professor-aluno e aluno-aluno serem subvertidas e criando relações específicas entre os parceiros na aprendizagem em tandem.

3. Os relacionamentos entre os pares

Considerando-se os papéis desempenhados pelos pares na aprendizagem em tandem, Vassallo e Telles (2009) verificam certa assimetria nas relações entre os indivíduos envolvidos. Todavia, existe uma alternância dos papéis, ora do aprendiz mais proficiente com maior poder por possuir grande competência na língua e ora do aprendiz menos proficiente, com menor poder, por estar em busca da competência linguística. Assim, esta temporária assimetria corrobora para uma simetria global no final das interações em tandem, garantida pelo princípio da reciprocidade.

É possível observar, nas interações, o fluxo bilateral de detenção de maior poder que se alterna nas sessões de língua 1 e língua 2, sendo compensado com uma simetria global pela inversão de papéis, como mostra a figura 1.

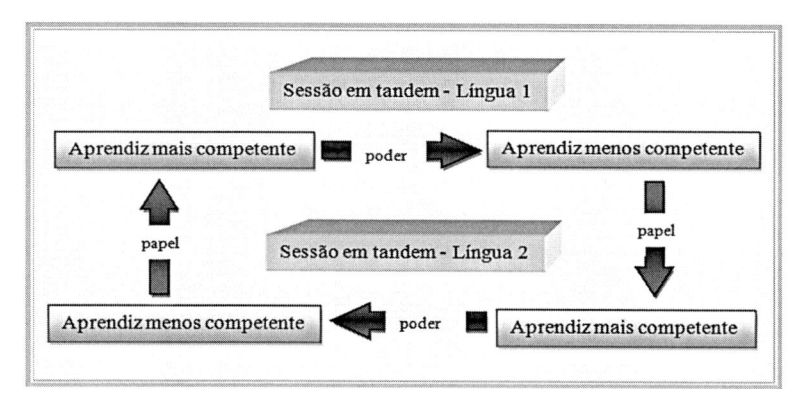

Figura 1 – Simetria global no tandem

4. A interdependência entre os pares

Segundo Vassallo e Telles (2009, p.31), a interdependência é assegurada pelo "envolvimento dos aprendizes com aquilo que fazem durante as sessões". Assim, tendo-se em vista que, pelo princípio da reciprocidade, esforços e responsabilidades devem ser compartilhados em igual proporção pelos parceiros de tandem, é natural esta interdependência entre eles. É importante perceber, entretanto, que se a proporção não for a mesma, os pares poderão vivenciar um desequilíbrio, provocando desmotivação, tensão e até o fim da parceria.

A interdependência entre os pares é de fundamental importância para o sucesso da parceria em tandem. E é necessário que os aprendizes saibam gerenciá-la, respeitando o outro e, buscando, por meio de negociações, um equilíbrio de atitudes. Os dois devem ser beneficiados na mesma proporção no processo de aprendizagem e, assim, é imprescindível que mantenham a comunicação e o compromisso, considerando que existe autonomia sim, mas, também, responsabilidade e reciprocidade.

5. A autonomia intrínseca ao aprendiz

Esta peculiaridade é de grande relevância às parcerias em tandem. Segundo os autores, esta não é uma mera característica, mas se trata da qualidade mais importante do processo. Afirmam, ainda, que o conceito de autonomia no contexto tandem pode ser bem diferenciado do que se vê em outros contextos de aprendizagem. "No contexto do tandem, autonomia não é concebida sem o outro, mas com o outro; isto é, estamos tratando de colaboração (trabalhar juntos)" (Vassallo;Telles, 2009, p.32).

Os autores reconhecem que, quando se trata do contexto tandem de aprendizagem, deve-se considerar que cabe aos indivíduos uma postura autônoma em relação ao próprio aprendizado e o gerenciamento do próprio estudo da língua estrangeira.

Isso pode soar um tanto estranho pois em outros espaços, a autonomia não pressupõe o outro, mas sua exclusão. Já aqui não se trata de usufruir e nem desenvolver individualmente a própria autonomia, mas desfrutá-la e construí-la em parceria, pensando no outro aprendiz também. Assim, a autonomia existente na aprendizagem em tandem carrega traços bastante singulares, pois será sempre coconstruída nas interações com o outro aprendiz e fomentada pelo contexto.

6. O prazer da interação intercultural

Vassallo e Telles (2009) apontam o prazer como um componente importante na aprendizagem em tandem. Isso porque nesse contexto, existe a necessidade de uma parceria para que a interação e a prática colaborativa se efetivem.

A parceria deve ser constituída mediante o desejo dos aprendizes, ou seja, a partir de uma agenda compartilhada para a prática em tandem. Dizemos agenda compartilhada porque em algumas situações, principalmente em tandem institucional, a atividade pode se constituir como obrigatória e meramente avaliativa e, assim, muitos se engajam em práticas de tandem impulsionados pela obrigação e não pelo prazer, comprometendo a simetria da relação e, por fim, a parceria e a aprendizagem.

Para os autores, é neste "contexto direto e pessoal para experiências de intercâmbio cultural e interpessoal" (Vassallo; Telles, 2009, p.33) que sentimentos e emoções afloram, podendo afetar o processo de tandem, considerando-se todas as peculiaridades deste contexto em contraposição a outros.

Entendo que a motivação, assim como o desejo, deva ser compartilhada na aprendizagem em tandem. As parcerias formadas a partir do desejo de aprender línguas estrangeiras tendem a alcançar maiores resultados não somente em termos pessoais mas também linguísticos. O aprender deveria estar relacionado ao prazer e não somente a critérios avaliativos e as parcerias em tandem possuem este potencial.

Modalidades em tandem

A aprendizagem em tandem pode ocorrer de várias formas, sincrônica ou assincronicamente. Brammerts (2003) cita o tandem face a face e as trocas assíncronas, como o tandem por e-mail, telefone ou *chats*. (Little, 1996 e 1999, Schwienhorst, 1998; Delille e Chichorro Ferreira, 2002; Lewis e Walker, 2003; Souza, 2003).

Segundo Vassallo e Telles (2009), o tandem face a face foi a primeira forma concebida e que, apesar de parecer a forma mais rica e completa, somente pode ocorrer em regiões com contingente de falantes proficientes da LE. É possível, assim, entender as razões pelas quais não se tem praticado o tandem no Brasil. O isolamento geográfico associado aos altos custos para se fazer uma viagem ao exterior tem privado os aprendizes brasileiros de grandes trocas linguísticas e interculturais.

Vassallo (2006) apresenta um pequeno dicionário de tandem, sintetizando termos encontrados na literatura e propondo outros, destacados com asterisco. Nas modalidades de tandem, faz diferenciações por contexto físico, por contexto e por participantes. Abaixo, há o recorte de alguns quadros referentes às modalidades por contexto físico.

Quadro 1 – Modalidades de tandem (Vassallo, 2006, p.6)

Por contexto físico	
TANDEM PRESENCIAL ou TANDEM FACE-A-FACE	**TANDEM A DISTÂNCIA**
Os parceiros realizam o Tandem compartilhando o mesmo espaço físico	Os parceiros realizam o Tandem sem compartilhar o mesmo espaço físico

TANDEM TELEFÔNICO	**E-TANDEM**
áudio Tandem, realizado por telefone, síncrono.	Tandem a distância realizado pela internet. Geralmente usado também como sinônimo de Tandem por e-mail

TANDEM POR E-MAIL	**TANDEM POR CHAT**	***TANDEM POR ÁUDIO**	***TANDEM POR VIDEO**	***TANDEM MULTIRRECURSOS**	**TELETANDEM**
Tandem escrito assíncrono, realizado por e-mail.	Tandem síncrono escrito, realizado pelos programas de *Instant Messaging* ou por aplicativos oferecidos por sites especializados, utilizando somente o quadro de comunicações escritas.	Áudio Tandem realizado por programas de *Instant Messaging* ou por aplicativos oferecidos por sites especializados, utilizando somente a possibilidade de comunicar oralmente.	Tandem audiovisual realizado por programas de *Instant Messaging* ou por aplicativos especializados (*Tandem por videoconferência*). Requer o uso de uma *webcam*.	Tandem que utiliza mais de um recurso, dentre todos os anteriormente listados.	Tandem multirrecursos, realizado na forma proposta pelo projeto Teletandem Brasil.

A síntese terminológica produzida pela autora permite uma melhor visualização das modalidades e do desenvolvimento de sessões de interação, possibilitando, assim, um caminhar mais tranquilo na leitura deste livro e de outros trabalhos referentes à aprendizagem em tandem.

Para concluir esta parte que enfoca questões teóricas e metodológicas da aprendizagem de línguas em tandem, evoco um resumo de Vassallo e Telles (2009, p.39) acerca de definições pontuais do tandem:

(a) Uma soma de opostos, tais como a socialização e individualização;

(b) Um esforço colaborativo com um parceiro, cujo objetivo é aprender uma língua estrangeira;

(c) Um contexto de equilíbrio global no qual as relações de poder entre os parceiros são alternadas;

(d) Um contexto no qual se pode assumir responsabilidade e socializar aquilo que é aprendido de modo recíproco e, ao mesmo tempo, autônomo;

(e) Um contexto no qual se pode exercitar a autonomia e gerenciar o próprio processo de aprendizagem, e;

(f) Um contexto com espaços para o aprendiz desenvolver relações prazerosas e pleno envolvimento completo com seu próprio processo de aprendizagem de uma língua estrangeira.

No capítulo seguinte, abordo o contexto teletandem segundo proposta de Telles (2006).

3
TELETANDEM:
UM NOVO CONTEXTO DE APRENDIZAGEM

O teletandem e suas bases

Neste cenário até agora exposto, considerando-se o potencial da *web* e da comunicação mediada pelo computador enquanto ambiente favorável ao ensinar e aprender para além das paredes da sala de aula (Warschauer, 1997a, 1997b; Paiva, 2001a, 2001b; Leffa, 2006; Figueiredo, 2006) e as variadas possibilidades de comunicação, interação, colaboração (Souza, 2000; Paiva, 2005; Braga, 2004; Vassallo; Telles, 2006, 2009), enfoco o contexto teletandem de aprendizagem de Línguas Estrangeiras (LEs) e o Projeto Teletandem Brasil: *línguas estrangeiras para todos* (Telles, 2006).

O termo "teletandem" surgiu a partir da proposta de Telles (2006) como um novo contexto de ensino e aprendizagem de línguas estrangeiras em tandem à distância que coloca pares de falantes proficientes ou nativos em contato por meio dos recursos de mensagens instantâneas de aplicativos como o Windows Live Messenger, Skype e ooVoo. (Telles, 2006, 2009; Telles; Vassallo, 2006, 2009; Vassallo e Telles, 2006, 2009).

O teletandem foi inspirado nas trocas em tandem face a face pessoais dos dois autores (Telles; Vassallo, 2009). A partir de um distanciamento físico e do desejo de manterem as características da parceria, começaram a buscar maneiras pelas quais pudessem dar sequência ao trabalho iniciado. Com conhecimento do tandem via e-mail (e-tandem), perceberam que esta forma com ênfase na escrita e na leitura não daria conta do enfoque oral antes desenvolvido na forma presencial. Assim, recorreram a um aplicativo de mensagens instantâneas (Messenger), com recursos de escrita, leitura, fala e audição, além do acesso às imagens e uma lousa eletrônica compartilhada. E, a partir daí, encontraram uma forma em tandem que poderia atender necessidades linguísticas e culturais dos alunos de línguas estrangeiras, proporcionando um acesso barato, livre e democrático aos povos e às línguas, além de trabalhos colaborativos que envolvem o ensino e a aprendizagem de LEs.

O quadro 2, proposto por Telles e Vassallo (2009, p.49), apresenta as distinções entre as modalidades de tandem presencial, e-tandem e o teletandem para melhor compreensão no que diz respeito à transitoriedade entre as formas mencionadas pelos autores.

O Projeto Teletandem Brasil (doravante TTB) é um projeto de pesquisa educacional na área de ensino de línguas estrangeiras à distância, que envolve docentes pesquisadores da Universidade Estadual Paulista (Unesp) (Telles, 2006) e, por razões organizacionais restringe-se, no momento, para alunos da Unesp (Telles; Vassallo, 2009). Segundo os autores:

> Seu objetivo é fornecer um contexto adequado – o teletandem – ao ensino/aprendizagem de línguas: um contexto no qual alunos universitários de graduação, brasileiros e estrangeiros, possam interagir e aprenderem, cada um, a língua e a cultura do outro, com assistência pedagógica adequada e por meio dos recursos de leitura, escrita, áudio e vídeo proporcionados pelos aplicativos acima mencionados. Isto é realizado de forma completamente gratuita, para que os alunos tenham acesso a culturas e línguas estrangeiras e estabeleçam contatos por meio de parcerias, amizades e trocas de informações linguísticas e culturais. (Telles; Vassallo, 2009, p.54)

O "acesso ao outro" adquire grande relevância no contexto teletandem pois possibilita contato real e síncrono com um falante

Quadro 2 – Distinções entre tandem presencial, e-tandem e teletandem

DISTINCÕES ENTRE TANDEM PRESENCIAL, E-TANDEM E TELETANDEM						
Tipo de Tandem	Contexto físico	LÍNGUA				
		Fala	Audição	Leitura	Escrita	Imagens
TANDEM PRESENCIAL	Fisicamente compartilhado	Associada à audição. Semelhante à fala natural, do dia-a-dia, porém com duplo enfoque sobre conteúdo e forma.	Associada à fala. Semelhante à audição natural, do dia-a-dia, porém com duplo enfoque sobre conteúdo e forma. Geralmente, fala e escuta não são distribuídos em maneira igual –um participante fala ou escuta mais do que o outro.	Desempenha o papel menos ativo durante a sessão. Pode ser praticada individualmente, fora da sessão. Os participantes podem decidir quanta leitura realizar no seu processo de Tandem, para discuti-las s durante a sessão, ou ler um a produção escrita do outro. Pode-se, de modo recíproco, sugerir leituras.	Desempenha o papel menos ativo durante a sessão. Pode ser praticada individualmente, for a da sessão. Os participantes têm a autonomia para decidir quanta escrita será realizada no seu Tandem. Geralmente é desenvolvida sob duas formas: anotações tomadas durante a sessão e redações realizadas entre duas sessões. Os parceiros podem se acordar para comentar um a redação do outro e estabelecer temas específicos.	Durante a interação, os participantes são livres de enfocar os elementos visuais que mais lhes chamam atenção.

Continua

Quadro 2 – *Continuação*

Tipo de Tandem	Contexto físico	LÍNGUA				
		Fala	Audição	Leitura	Escrita	Imagens
TELETANDEM	Fisicamente não compartilhado. Os participantes, porém, compartilham imagens e sons por meio da interface do aplicativo. Estão juntos em um terceiro contexto –um contexto virtual.	Como no Tandem presencial, mas depende do bom funcionamento do equipamento. A maioria dos aplicativos atuais não permite a sobreposição de vozes.	Como no Tandem presencial, mas depende do bom funcionamento do equipamento. Pode ser facilitada pela impossibilidade de sobrepor as vozes.	Como no Tandem presencial	Como no Tandem presencial. As anotações podem ser realizadas em suportes mais variados: janela de *chat*, lousa eletrônica, arquivos Word ou bloco de anotações manuais, em papel.	Durante a interação, os elementos visuais são limitados pelo equipamento, especialmente pelo ângulo da *webcam*. Os participantes vêm não só o parceiro, mas também si próprios.

Telles e Vassallo (2009, p.49)

proficiente ou nativo da língua que se quer aprender, via computador com conexão à internet e recursos visuais e orais. Nas práticas em teletandem, é possível que os parceiros se vejam, falem e ouçam e, pela interação, têm acesso à língua e à cultura. Também podem contar com a comunicação não-verbal das expressões faciais, corporais (ver Telles, 2009a), enquanto aprendem, compartilham conhecimento e constroem relações com seus parceiros por meio das imagens da *webcam*.

Para caracterizar o teletandem, seis princípios foram articulados por Telles e Vassallo (2009, p.46-7). São eles:

1. O teletandem é uma nova modalidade de aprendizagem a distância assistida pelo computador que utiliza, simultaneamente, a produção e compreensão (oral e escrita) e imagens em vídeo dos participantes por meio de uma *webcam*;

2. As atividades do teletandem são realizadas com base em princípios comuns de reciprocidade e de autonomia, negociados e compartilhados pelos dois parceiros;

3. Os participantes de teletandem são pessoas interessadas em aprender um a língua do outro, a distância, de forma relativamente autônoma. Usamos a expressão "relativamente autônoma" porque eles podem usufruir de uma mediação profissional por parte de um professor, se assim o desejarem ou precisarem.

4. Os participantes de teletandem são falantes (razoavelmente) competentes das respectivas línguas. Podem ou não ser falantes nativos da língua-alvo do parceiro e não são professores licenciados.

5. Os processos de aprendizagem do teletandem são realizados por meio do desenvolvimento de sessões regulares, voltadas para fins didáticos, de livre conversação a distância, em áudio e em vídeo.

6. Essas conversações livres são seguidas de uma reflexão compartilhada, na qual são revisadas as anotações feitas durante a sessão. Portanto, nesta fase, são praticadas, também, as habilidades de leitura e escrita. A reflexão pode enfocar o conteúdo da conversa, a cultura, a forma, o léxico e o próprio processo da interação de teletandem. Às práticas de teletandem, podem, também, serem

associadas práticas de e-tandem, tais como a troca de tarefas de casa por e-mail, baseadas nas novas informações lexicais ou gramaticais que surjam durante a interação com o parceiro.

Como já mencionado, Vassallo e Telles (2006, 2009) acreditam que as práticas em tandem não se igualam a um bate-papo nem aulas particulares pois os parceiros não são considerados professores de línguas estrangeiras. O par mais proficiente não pode ser na íntegra equiparado a um professor de línguas estrangeiras, assim, convém esclarecer o conceito de ensino adotado.

De acordo com os autores "No projeto Teletandem Brasil, o ensino é concebido como *mediação* e como *atividade de apoio*" (Telles; Vassallo, 2009, p.56). Afirmam que os princípios e práticas norteadores desta mediação não estão completamente definidos, mas sob estudos.

A figura a seguir ilustra as perguntas de pesquisa propostas pelo Projeto Teletandem Brasil e as relações teóricas que envolvem o contexto teletandem para visualização das vertentes utilizadas para investigação.

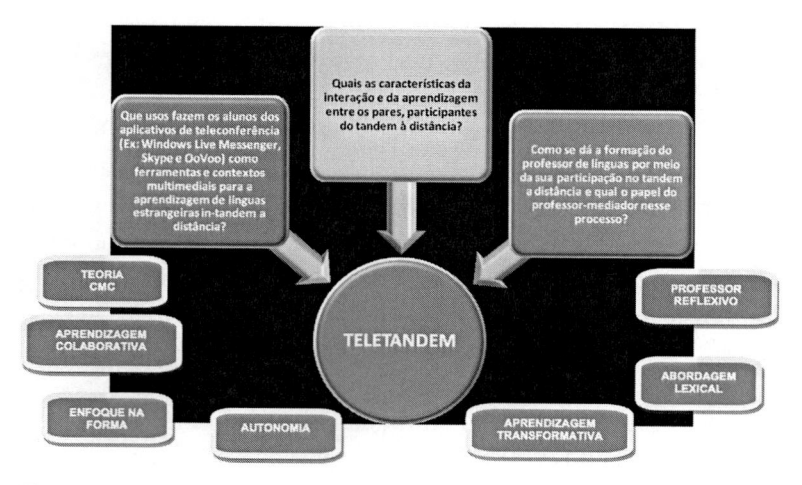

Figura 2 – Adaptação de Fundamentações teóricas e práticas acerca da noção de teletandem (Telles 2006, p.24) e perguntas de pesquisa (Telles, 2009b, p.3)

Concluo que, no teletandem, uma porta de acesso se abre ao verdadeiro insumo no que diz respeito ao processo de ensino e aprendizagem de LEs. Seu aspecto democrático, que possibilita o contato direto com o estrangeiro via aplicativos de mensagens instantâneas, é essencial, dadas as poucas chances de acesso (por questões geográficas e financeiras) de nossos estudantes brasileiros de línguas estrangeiras com falantes nativos ou proficientes em outras línguas.

Partes de um teletandem

Para reforçar as características distintivas do teletandem de um simples bate-papo, recorro ao guia terminológico no qual Vassallo (2006) trata do desenvolvimento do tandem, apontando três partes: (a) sessão, (b) fase de reflexão sobre a forma e (c) fase de reflexão sobre a sessão, conforme quadro abaixo.

Quadro 3 – Desenvolvimento do Tandem

Desenvolvimento do Tandem	
* SESSÃO	o encontro dos parceiros de Teletandem, dividido em duas **PARTES**, uma para cada língua. As partes da sessão podem ser desenvolvidas em dois dias diferentes ou no mesmo dia. Se acontecerem em seguida, o cansaço é maior; por outro lado, é reforçada a impressão de reciprocidade. O termo "sessão", seguido pelo nome da língua, pode também indicar a parte da sessão correspondente.
* FASE DE REFLEXÃO sobre a forma	a reflexão sobre a língua (regras, vocabulário, pronúncia, correção de erros frequentes etc.) que acontece na última fase de cada parte da sessão. É importante para evitar transformar o Teletandem em uma conversa simples.
* FASE DE REFLEXÃO sobre a sessão	o momento final da sessão, no qual o aprendiz faz comentários sobre como se sentiu e sobre como se desenvolveu a sessão. Nesta, geralmente, os pares conseguem se dizer o que teriam gostado que o outro fizesse ou explicar seus problemas ao parceiro. É importante para a coesão entre os parceiros.

(Vassallo,2006, p.6)

Vassallo (2006) e Telles e Vassallo (2009) esclarecem que uma sessão de teletandem é constituída de dois turnos, nos quais há a alternância de línguas, cada uma em um turno e com a duração média de uma hora cada. Dessa maneira, os pares podem optar por praticar as duas línguas no mesmo dia, com um pequeno intervalo para descanso, ou em dias separados. Caso os dois turnos ocorram no mesmo dia, os autores aconselham que haja alternância entre a ordem das línguas "já que a primeira sessão sempre tende a ser mais produtiva que a segunda, porque os participantes estão mais dispostos" (Telles; Vassallo, 2009, p.53) e "é reforçada a impressão de reciprocidade" (Vassallo, 2006).

Sintetizo, na figura a seguir, uma sessão prototípica de teletandem.

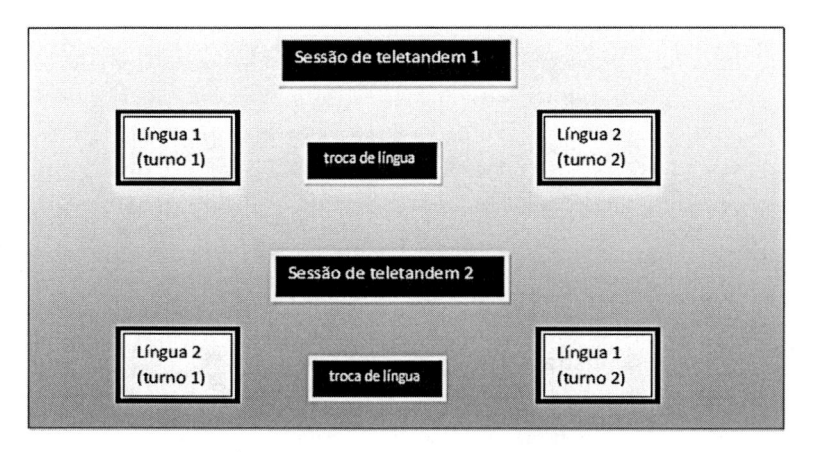

Figura 3 – Protótipo de uma sessão de teletandem

Cada turno deveria ser um momento de conversação livre, segundo Telles e Vassallo (2009), no qual os pares exerceriam a autonomia e negociariam assuntos para serem abordados. Neste momento, o parceiro mais proficiente/competente deve se concentrar não somente no assunto tratado, mas também na maneira, na forma como seu par o faz, o que é designado de duplo enfoque e que difere o teletandem de um bate-papo na internet sob a teoria da Abordagem lexical e Enfoque na Forma (Lewis, 1993; Doughty; Williams, 2004).

Na segunda parte seriam feitos e abordados comentários sobre a língua utilizada durante a prática em teletandem. Vassallo (2006) designa esta parte de "fase de reflexão sobre a forma". São discutidas questões de vocabulário, pronúncia, construções linguísticas emergentes na interação em teletandem. Trata-se de um feedback linguístico no qual o falante competente mostra a seu parceiro as anotações tomadas, o "como" as coisas foram ditas. Daí, a necessidade de se atentar para "o quê" e o "como" o parceiro menos proficiente se expressa na língua-alvo e a grande diferença de um bate-papo (Vassallo; Telles, 2009).

A terceira parte é denominada "fase de reflexão sobre a sessão" (Vassallo, 2006) ou "reflexão compartilhada sobre a sessão" (Telles; Vassallo, 2009, p.53). Constitui-se num momento de avaliação do desempenho (como um todo) pelos parceiros, não envolvendo somente o aspecto linguístico mas também metodológico como a condução do processo. Os pares deveriam expor seus sentimentos e dificuldades, se houver, para que, em conjunto, possam repensar ou reforçar suas ações para com o outro. Entendo que este seja um ótimo momento para novos acordos e negociações se existirem insatisfações ou descontentamentos na parceria, como procedimentos de correção, divisão das línguas, duração das sessões etc.

A figura 4 ilustra a divisão sugerida (Vassallo; Telles, 2009) no turno de teletandem.

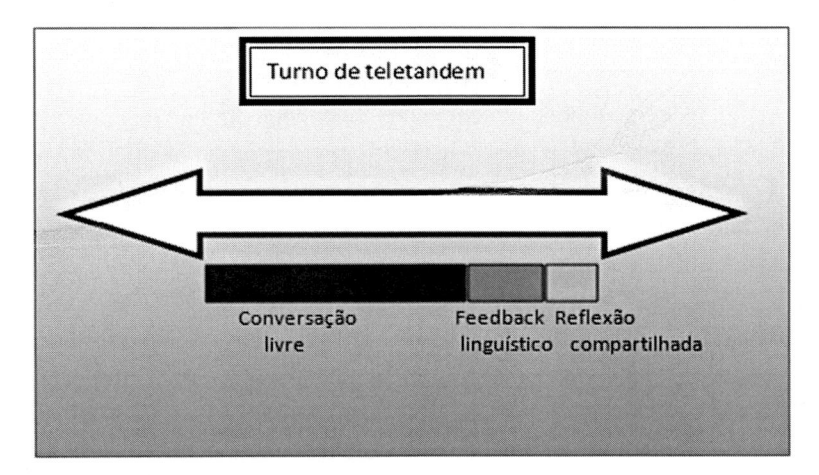

Figura 4 – Protótipo de um turno de teletandem

Tandem e teletandem no Brasil

As experiências em tandem estão começando a surgir em contexto brasileiro (diferentemente da Europa que vivencia práticas em tandem desde os anos 1960), revelando questões bastante relevantes e inovadoras para o processo de ensino/aprendizagem de LEs.

Souza (2003) estudou a interação via comunicação mediada pelo computador assíncrona entre um grupo de estudantes brasileiros de língua inglesa do Curso de Letras e um grupo de estudantes australianos de língua portuguesa mediante instrução para um projeto em telecolaboração em meio virtual, buscando-se aplicar os princípios do regime de tandem. A conciliação entre autonomia e colaboração na comunicação intercultural foi objeto de investigação de Souza. Acerca deste projeto, denominado Projeto de Aprendizagem de Português-Inglês em Regime de Tandem, Souza (2003b, p.93) reconhece encontros e desencontros e afirma:

> A comunicação mediada pelo computador viabiliza uma aproximação de mundos distantes na formação de comunidades virtuais de aprendizagem. Contudo, a comunicação mediada pelo computador não neutraliza suas diferenças.

Se diferenças existem entre seres humanos da mesma cultura e nacionalidade não se pode esperar que não existam entre culturas distintas. Assim, nota-se que, mais que no ambiente de sala de aula, os tais desencontros mencionados por Souza (2003b) afloram no ambiente virtual e na comunicação intercultural.

O estudo de Braga (2004), inserido no contexto tandem, identifica o uso das estratégias sociais e de compensação no ambiente colaborativo de tandem via e-mail, buscando indícios de autonomia do aprendiz nas interações por e-mail. Interessou à autora verificar a influência do meio virtual no desenvolvimento das habilidades linguísticas e da autonomia do aprendiz no Programa de Tandem via e-mail Brasil & USA. Braga observou que o bilinguismo, a reciprocidade e a autonomia se fazem presentes na aprendizagem colaborativa em tandem. Concluiu que o uso das estratégias de aprendizagem constitui-se em um auxílio para os aprendizes na construção de conhecimento na língua-alvo e o ambiente virtual contribui para o desenvolvimento linguístico e da autonomia do aprendiz.

Neste momento, enfatizando a aprendizagem em teletandem no Brasil, faço um breve levantamento dos trabalhos inéditos de mestrado e doutorado concluídos no Programa de Pós-Graduação em Estudos Linguísticos no Ibilce da Unesp, *campus* de São José do Rio Preto.

Silva (2008) apresentou fenômenos na aquisição e aprendizagem de língua estrangeira em teletandem (português e espanhol) num contexto de aproximação linguística. A autora observou sessões de protótipo teletandem, ou seja, sem todo o equipamento necessário para a prática de teletandem, podendo classificá-lo como in-tandem à distância. Seus objetivos eram verificar se os pares cumpriam os princípios de reciprocidade, autonomia e bilinguismo e mapear o uso de estratégias de aprendizagem e comunicação e possíveis implicações para o processamento do insumo em língua estrangeira. O estudo defende que a isonomia de condições tecnológicas entre os pares deva se constituir novo princípio para o teletandem. A autora revela alguns desencontros nos dados que coletou, como a não reciprocidade de ações entre as interagentes, o provimento deficitário de *feedback* e a não observância das partes de uma sessão em tandem. Conclui-se que a comunicação entre línguas próximas privilegiou a interação, não apresentando muitos truncamentos além de demonstrar processos de aquisição semelhantes devido ao uso das estratégias.

Assim como observou Silva (2008), acredito que a *isonomia de condições tecnológicas* seja um fator determinante para que o exercício da reciprocidade, autonomia e do bilinguismo pelos pares. Ainda que a necessidade de todo o aparato tecnológico para a prática de teletandem seja questionada ou menosprezada por alguns aprendizes, é possível notar que um teletandem só se configura como tal a partir do uso do aplicativo de mensagem instantânea, da *webcam* e do microfone. A aprendizagem e a parceria podem ser comprometidas caso o equipamento não esteja adequado e, consequentemente, se os princípios do contexto tandem não forem observados. É provável que um teletandem prototípico, como consta nos dados de Silva (2009), não ofereça os mesmos benefícios ou benefícios na mesma proporção de um teletandem padrão (em termos tecnológicos).

Em um estudo de caso, Salomão (2008) analisou os processos de supervisão e estratégias pedagógicas utilizadas pela figura de uma mediadora no processo de mediação de um par interagente no teletandem, com implicações para o campo da formação de professores de línguas estrangeiras. O estudo verificou que a presença da mediação do lado brasileiro mostrou-se bastante produtiva, sendo vista com bons olhos pela interagente. As ações de mediação não são consideradas diretivas, mas auxiliares, oferecendo andaimes à interagente, agregando fins pedagógicos às interações em teletandem e promovendo reflexão. A autora concluiu que, no teletandem, além do ensino e aprendizagem de línguas virtual e colaborativamente, há um ambiente que propicia e auxilia a formação pré-serviço, envolvendo aluno-professor e formador de professores.

As crenças sobre língua(gem) trazidas pelos professores mediadores e pelos pares interagentes no contexto teletandem e sua possível (re)construção foram o foco do trabalho de Bedran (2008). A autora notou que uma diversidade de crenças, relacionadas ao ensinar e ao aprender nas culturas italiana e brasileira, foram trazidas pelos participantes e, ainda que estas crenças estão em constante movimento. Segundo Bedran, o teletandem se constitui um campo aberto no qual conflitos e choques entre crenças afloram e se tornam mais explícitos em contraposição ao ambiente da sala de aula. Constata-se que no contexto teletandem, as crenças não se diluem, mas são focalizadas pela restrição no número de participantes. A autora defende uma autoconscientização das crenças que envolvem língua(gem), ensino e aprendizagem pelos participantes e uma preparação de cunho reflexivo pelos professores mediadores a fim de evitar conflitos que possam comprometer o processo.

Mesquita (2008) investigou, no teletandem, crenças sobre a avaliação trazidas por uma interagente e uma mediadora e as maneiras pelas quais essas interagem no processo de ensino e aprendizagem neste contexto à distância. Observou que os interagentes não recorriam à uma avaliação planejada ao final das sessões de interação em teletandem. A partir dos *feedbacks* e dos *emoticons* utilizados nas interações, percebeu-se apenas uma "avaliação remedial", na qual a interagente fazia correções aleatórias a partir de erros que espontaneamente surgiam nas interações o que não promovia um planejamento ou direcionamento para abordar as dificuldades de seu par. Neste estudo, Mesquita verifica incongruências nas crenças da interagente e constância nas da mediadora. O autor ressalta a importância de se reconhecer as crenças pelo professor mediador e do interagente no processo de ensino/aprendizagem em tandem para que possam contribuir para estabelecerem direcionamentos que otimizem este processo em ambientes presenciais e virtuais.

Entendo que os processos de negociação entre os pares deva abranger, inicialmente, alguns aspectos fundamentais para que as interações em teletandem e o relacionamento entre os aprendizes se efetivem e ocorram com tranquilidade. A avaliação, tópico abordado por Mesquita (2008), deveria ser discutida e as formas pelas quais irão se configurar nas sessões de teletandem, acordadas. Neste ponto, a reciprocidade deve ser uma constante para que ambos aprendizes desfrutem das mesmas oportunidades para aprendizagem, autonomia e reflexão.

O estudo de Rossi dos Santos (2008) visa compreender as características da interação no contexto teletandem sob uma perspectiva interacionista de aprendizagem e para tal utiliza um corpus de interações-aula na modalidade oral. Dentre as informações que obteve, o autor destaca uma taxonomia de movimentos conversacionais e interativos dos participantes nas interações e a influência do exercício da atenção e dos recursos tecnológicos do contexto acerca do modo como os participantes administram o diálogo colaborativo. O autor notou semelhanças na configuração da interação por áudio e a face a face que dizem respeito às oportunidades de modificação da produção e revisão de hipótese de uso da língua. Em relação à colaboração, verificou que a autonomia dos participantes reduz o controle sobre a atividade, levando-os a adotarem focos pessoais e se adaptarem às necessidades um do outro. Percebeu que intervenções de um mediador podem auxiliar o aprendiz a se beneficiar mais do processo. Rossi dos Santos (2008) avalia que o teletandem pode oferecer uma experiência de interação específica distinta da promovida em contextos formais e dos baseados em comunicação autêntica por reunir características do meio presencial de aprendizagem, como comunicação autêntica e possibilidades de tratamento do significado online além de proporcionar a construção de competências.

O foco da pesquisa de Kaneoya (2008) é a formação inicial de interagentes na aprendizagem de português e espanhol no contexto teletandem. A autora visa analisar as maneiras pelas quais crenças, discursos e reflexões se manifestam e (re)constroem no que diz respeito ao aprender línguas e se comunicar pela mediação do computador. Segundo a autora, ao se considerar a formação de atuantes para/em contextos de teletandem, visualizou-se um primeiro embate que envolve a formação tradicional de alunos e professores. Constatou-se que muitas das crenças trazidas e mantidas pelas participantes na aprendizagem de línguas foram geradas na condição de alunas, nos momentos iniciais de escolarização, e na condição de alunas-professoras, na formação inicial docente. Notou que, a partir da mediação, surgiram preocupações e posicionamento distintos entre as participantes que revelaram diferentes percursos reflexivo-críticos acerca do contexto e implicações para a formação docente e que acabaram por revelar a mediação como espaço para um discurso dialógico, persuasivo com vistas à emancipação. A interculturalidade é destacada pela autora no processo de identificação no teletandem, que se deu de forma socializadora, politizadora e ética e que, pelo enfoque cultural, os ganhos foram, não somente linguísticos, mas de valores, ideologias, costumes, diferenças conceituais, políticas, geográficas e pessoais.

A pesquisa de Mendes (2009) buscou análises contextualizadas das crenças do processo de ensino e aprendizagem de línguas estrangeiras no Brasil. O autor teve por objetivo estudar as crenças de um grupo de professores de língua inglesa em formação no que diz respeito à língua inglesa e aos Estados Unidos e, ainda, as implicações de um sentimento mundial de antiamericanismo no contexto que estudou. No âmbito das interações em teletandem, entre uma professora brasileira em formação e um estadunidense, analisou e discutiu questões associadas a preconceito, estereótipos, alteridade, cultura, identidade, interculturalidade. Constatou que existe uma tendência de associação da língua inglesa a um grupo específico de países (Estados Unidos e Inglaterra), um sentimento de antiamericanismo associado à simpatia e adoração pelos Estados Unidos, gerando conflito de crenças e fazendo com que os participantes adotassem estratégias para lidar com a situação. O autor verificou que o teletandem propicia um contexto para contato intercultural e favorece a ressignificação de crenças.

A interculturalidade estudada por Mendes (2009) assume grande relevância no contexto teletandem porque, em sua inovação, permite o contato real entre os povos a custos reduzidos. Como explicitado, este contato que se dá via aplicativos de mensagens instantâneas estabelece relações com as culturas e com as línguas, o que dificilmente ocorre em contextos formais de aprendizagem. Dessa forma, o contato intercultural, antes não muito comentado, assume, agora, uma importante posição no processo de ensino e aprendizagem de LEs.

Reconhecendo a falta de suporte para ensinar a língua portuguesa ao parceiro estrangeiro, Brocco (2009) abordou o tratamento da gramática de língua portuguesa no contexto do teletandem (especificamente nas sessões de *feedback* linguístico) e em livros didáticos de português como língua estrangeira (PLE). A autora investigou a pertinência/relevância de tais livros para as práticas em teletandem pensando-se na elaboração de material didático especificamente para este contexto virtual. Os resultados deste estudo revelam que o foco na forma se dá mediante propósitos comunicativos e que as sessões de *feedback*, dentre as funções observadas, preenchem as lacunas de insumo do aprendiz. Foi notado um papel relevante da gramática nos livros analisados e um tratamento diferente em cada um deles. Brocco (2009) conclui que há dificuldade para se produzir um material didático para o contexto teletandem assim como há pouca pertinência dos livros investigados para uso específico no referido contexto.

A experiência de Luz (2009) está ligada à autonomia. A autora buscou verificar, a partir das concepções de autonomia de um par de interagentes de teletandem e uma mediadora, como se dá o desenvolvimento da autonomia no ambiente virtual de ensino e aprendizagem de LEs via teletandem e, também, o papel desempenhado pela mediação no que concerne ao desenvolvimento da autonomia destes interagentes. Os resultados apontam para um compartilhamento de concepções por parte da mediadora e da interagente brasileira, que são compatíveis com as adotadas pelo Projeto Teletandem Brasil. Em relação ao interagente estrangeiro, Luz percebeu que trabalhou colaborativamente após sua compreensão desta prática. A autora, também, se deparou com questões positivas na parceria que foram o comprometimento, a responsabilidade e a colaboração. Para ela, o ambiente teletandem propicia o desenvolvimento da autonomia do aprendiz e permite que, pela colaboração e negociação, a aprendizagem se torne mais significativa. Avalia como expressiva a colaboração do mediador em termos tecnológicos, motivacionais e pedagógicos.

Cavalari (2009), em um estudo de caso, enfocou o processo autoavaliativo levando-se em conta as características da comunicação em *chat* no teletandem. A autora, ao investigar as características linguísticas desta comunicação, os objetivos de aprendizagem, critérios e parâmetros avaliativos, observou que a linguagem do *chat* apresenta singularidades em relação às modalidades falada e escrita, refletindo a posição enunciativa da aprendiz brasileira. As revisões linguísticas têm implicações para o processo de autoavaliação e estão relacionadas às características acima mencionadas. A autora observou que a participante brasileira adota parâmetros altos para a avaliação de sua prática no teletandem. Afirma que, ao se monitorar, a aprendiz, muitas vezes, desvia o foco da mensagem para a forma linguística, durante as interações. Para a autora, o teletandem e os cursos de formação de professores devem manter um diálogo para que a aprendizagem autônoma possa ser pensada não apenas em contextos virtuais e telecolaborativos mas, também, em presenciais.

A investigação de Vassallo (2010) explora as relações de poder entre os pares de teletandem levando-se em conta três aspectos: pontos de trânsito, bases e dinâmicas do poder. Para a autora, o poder é visualizado "como propriedade dinâmica" sob uma visão relacional. No que diz respeito aos pontos de trânsito, Vassallo concluiu que o trânsito envolve processos e conteúdos, quer no teletandem, quer em sala de aula. As faltas de legitimidade por reciprocidade e fonte de coerção aliadas à uma complexidade do quadro e uma menor força de poder de informação em detrimento a de experiência permitem afirmar que o exercício do poder no contexto teletandem está firmado em um conjunto de fontes diversas, nem sempre compartilhadas entre os pares. Ao apoiar-se nas teorias da acomodação e da troca social, a referida autora, observa que as relações de poder são estáveis e se realizam de forma implícita e conclui que dependem dos sentidos atribuídos ao teletandem pelos próprios pares.

O teletandem foi abordado na pesquisa de Garcia (2010) para enfocar os processos de acordos e negociações entre os pares. Assim, interessava à autora, a observação dos temas emergentes desses processos e a investigação das características dos acordos e das negociações em prol de uma maior compreensão das implicações para o ensino/aprendizagem de LEs, para os aprendizes e para os professores quando atuam no contexto teletandem. Para Garcia, a comunicação é de grande importância para o bom andamento e manutenção das parcerias pois os parceiros tendem a fazer ajustes em suas ações para buscar o equilíbrio e a harmonia do ensino e da aprendizagem em tandem. A autora verificou que as oportunidades de negociação, não somente de significado, promoveram crescimento para os pares, exercício da autonomia, reciprocidade e vivência de situações diferentes nas práticas pedagógicas corriqueiras de LEs, como, por exemplo, o gerenciamento de seu próprio processo de aprendizagem.

Funo (2011), em um estudo de caso, abordou as representações sociais de professoras brasileiras de espanhol/LE com vínculo à rede pública de ensino do estado de São Paulo e que lecionam em Centros de estudo de Línguas, SEE-SP, envolvendo: (a) o teletandem, (b) a tecnologia e (c) as reflexões sobre a realidade instaurada pelo teletandem e as experiências em âmbito profissional. O estudo se deu em um curso (semipresencial) de formação continuada, denominado "Formação do Professor para o Ensino/Aprendizagem de Línguas Estrangeiras em Tandem". Para a autora, a pesquisa realizada contribuiu para avançar as discussões sobre a autonomia docente, o uso de tecnologias no ensino/aprendizagem de LE e a inclusão (ou exclusão) digital entre docentes. Funo reconhece a importância, em se tratando de um curso de formação continuada para professores de LE, do uso da tecnologia para fins pedagógicos e de promover situações de aprendizagem nas quais os cursistas (professores) sejam desafiados a superar algumas de suas dificuldades tecnológicas.

O quadro seguinte sintetiza as dissertações e teses concluídas sobre teletandem realizadas em cenário brasileiro, apresentando seus autores, o ano de publicação e o título para que haja uma melhor visualização dos temas abordados. É importante ressaltar que, além dos trabalhos aqui apresentados, há várias pesquisas em andamento no Programa de Pós-Graduação em Estudos Linguísticos do Instituto de Biociências, Letras e Ciências Exatas (Ibilce/Unesp), com término previsto para os próximos anos.

Quadro 4 – Dissertações e teses concluídas

Autor	Título do trabalho
Silva, 2008	O desenvolvimento intra-interlinguístico in-tandem a distância (português e espanhol)
Salomão, 2008	Gerenciamento e estratégias pedagógicas na mediação dos pares no teletandem e seus reflexos para as práticas pedagógicas dos interagentes
Bedran, 2008	A (re) construção das crenças do par interagente e dos professores-mediadores no teletandem
Mesquita, 2008	Crenças e práticas de avaliação no processo interativo e na mediação de um par no tandem a distância: um estudo de caso
Rossi dos Santos, 2008	Características da interação no contexto de aprendizagem in-tandem
Kaneoya, 2008	A formação inicial de professoras de línguas para/em contexto mediado pelo computador (teletandem): um diálogo entre crenças e reflexão profissional
Mendes, 2009	Crenças sobre a língua inglesa: o antiamericanismo e sua relação com o processo de ensino-aprendizagem de professores em formação
Brocco, 2009	A gramática em contexto teletandem e em livros didáticos de português como língua estrangeira
Luz, 2009	A autonomia no processo de ensino e aprendizagem de línguas em ambiente virtual (teletandem)
Cavalari, 2009	A autoavaliação em um contexto de ensino-aprendizagem de línguas estrangeiras em tandem via *chat*
Vassallo, 2010	Relações de poder em parcerias de teletandem
Garcia, 2010	Teletandem: acordos e negociações entre os pares
Funo, 2011	Teletandem e formação contínua de professores vinculados à rede pública de ensino do interior paulista: Um estudo de caso

4
Acordos e negociações

A comunicação

Quando parcerias de diferentes países são estabelecidas e estudantes de culturas diferentes são postos a trabalhar telecolaborativamente, é importante atentar para as questões interculturais que irão permear a comunicação e a interação entre os pares.

As maneiras de se expressar, agir, aprender e ensinar irão emergir nas parcerias em teletandem e é necessário que os aprendizes estejam aptos a lidar com variadas situações. As diferenças devem ser consideradas para que, com ética e bom senso, os aprendizes evitem choques culturais que possam prejudicar as relações pessoais e de aprendizagem.

Ajustes culturais (Pica, 1994) são de grande importância no processo de ensino e aprendizagem em teletandem que envolve parceiros de diferentes línguas e culturas. Sob esta perspectiva, os processos de negociação se configuram como um meio, como sugerem Spangle e Isenhart (2002, p.3, tradução nossa): "a negociação se torna um meio para facilitar as relações baseadas no diálogo e nos acordos baseados em entendimentos".

A comunicação é um instrumento primordial para que os pares busquem acordos, negociando questões que julgarem necessárias, sem serem diretivos. Questões como "negociação" e "comunicação" são indissociáveis. Para Adair e Brett (2004), a comunicação (vista como o processo pelo qual as pessoas trocam informações por meio de um sistema comum de signos, símbolos e comportamentos) pode ser classificada como cultural considerando-se que diferentes grupos sociais apresentam maneiras distintas de se comunicar. Ainda, para essas autoras, a comunicação irá revelar as estratégias e metas da negociação pois "a negociação é um processo de comunicação pelo qual duas ou mais partes interdependentes resolvem alguma questão sobre a qual estão em conflito" (Adair e Brett, 2004, p.158, tradução nossa).

Segundo Byers (1985, p.71, tradução nossa), a comunicação ultrapassa a troca de mensagens ou a compreensão e é definida como "o processo pelo qual todas as peças no mundo encontram suas relações com as outras peças para formar um todo maior e permitir que o mundo cresça, adapte-se e sobreviva". O autor reconhece que o equilíbrio entre os seres é necessário à sobrevivência. Assim, o equilíbrio é, também, necessário às parcerias de teletandem que podem se poupar de desajustes e situações que interfiram negativamente nas interações se preservarem um canal de comunicação clara e eficiente, acordando e negociando questões que possam, porventura, gerar entraves para as sessões de interação.

Acordos e negociação: algumas definições

No quadro a seguir, trago algumas definições para os termos acordos e negociações, propostas por Houaiss (2001) e que parecem ser adequadas para a experiência aqui retratada.

Dessa forma, em consonância com a definição do termo, concebo os acordos no contexto teletandem como ajustes, ou seja, o resultado de busca por um consenso na parceria, por um entendimento recíproco a fim de que se obtenha mútua adaptação às novas condições do contexto, evitando problemas. São tentativas de conciliações, concessões e doações dos falantes com vistas ao equi-

Acordo (p.65)	1.1 ajuste entre partes; combinação, consenso, pacto
	2 resultado da comunhão de ideias, sentimentos etc.; entendimento recíproco; concórdia, harmonia...
	3 mudança para adaptação a novas condições; acomodação, combinação, conciliação...
	5 ausência de problemas
	6 eliminação de oposição ou conflito; conciliação
	7 decisão ou resolução conjunta
Ajuste (p.132)	2 atitude de integração harmônica em um contexto; adaptação, amoldamento
	3 estabelecimento de um pacto; trato, acordo, convenção
Negociação (p.2005)	1 ato ou efeito de negociar; negociamento, negócio
	3 qualquer tipo de negócio
	4 entendimento sobre tema polêmico ou controverso
	5 conversação diplomática entre duas ou mais nações visando a tratado, convenção
Negócio (p.2005)	4 assunto a ser resolvido; pendência
	6 transações comerciais, contratos, ajustes, acordos entre pessoas, empresas ou países

líbrio e a harmonia na parceria em teletandem com fins práticos e pedagógicos sobre o aprender línguas e culturas.

O termo negociação é bastante comum em nossa vida diária. Ocorre em situações variadas e, muitas vezes, nem nos damos conta de que estamos diante de processos de negociação. Assim, por permear diversas esferas da sociedade, várias são as áreas de estudo que se ocupam do termo.

Segundo Gelfand e Brett (2004), as pesquisas se encontram em ascensão pelas duas últimas décadas e a compreensão dos processos psicológicos fundamentais (cognição, emoção, motivação), dos processos complexos sociais (comunicação, poder e influência) e dos efeitos do contexto das negociações (equipes, terceiros e tecnologia) tem sido ampliada.

Para Weingart e Olekalns (2004), as definições de negociação apresentam variações em relação à forma e ao conteúdo, todavia, há consenso em relação ao enfoque da negociação como um processo.

Dessa maneira, a literatura oferece aportes teóricos para a negociação sob perspectivas políticas, econômicas e sociais, definindo o papel do negociador e suas atribuições. Todavia, em contexto educacional e nas línguas estrangeiras às quais tenho acesso, nota-se a abordagem pela negociação de significado como uma interação modificada (Long, 1983; Gass; Varonis, 1985; Varonis; Gass, 1985b; Pica, 1994, 1994a; Ellis, 1999; Van den Branden, 1997, 2000; Oliver, 2002; Shekary; Tahririan, 2006; Kitade, 2006; Wang, 2006; Smith, 2009).

É importante esclarecer que os conceitos de acordos e negociação abordados neste livro não se limitam somente à negociação de significado, mas abrangem, também, a aprendizagem e os processos interativos na prática de teletandem. Dentro do contexto e dos objetivos propostos, a negociação está ligada não somente ao escopo linguístico mas, também, ao interacional. Entretanto, as pesquisas sobre a negociação de significado podem auxiliar a teorizar os processos de acordos e negociação entre os pares na aprendizagem em teletandem e buscar sentidos e um diálogo com as práticas pedagógicas aqui abordadas.

A negociação, envolvendo o significado, tem adquirido espaço sob a ótica interacionista na aquisição de segunda língua (SLA) (Mackey et al., 2000). De acordo com Oliver (2002), a negociação de significado facilita a aquisição de L2 pois oferece aos aprendizes três elementos que considera essenciais ao sucesso na L2 que são o *input* compreensível, o *output* compreensível e o *feedback*.

A respeito de "negociação", Pica (1994a, p.494, tradução nossa) esclarece que:

> Este termo tem sido usado para caracterizar a modificação e reestruturação da interação que ocorre quando aprendizes e seus interlocutores preveem, percebem ou experimentam dificuldades na compreensão da mensagem. Enquanto negociam, eles trabalham linguisticamente para obter a compreensão necessária, repetindo literalmente a mensagem, fazendo ajustes na sintaxe, modificando palavras ou modificando a forma e o significado de variadas formas.

Assim, no que concerne à interação, a negociação de significado é tida como forma de auxiliar os aprendizes a modificar o *input* compreensível e modificar seu próprio *output*, além de oferecer acesso à forma e significado da língua-alvo. As modificações linguísticas promovidas por meio da negociação de significado entre os pares são cruciais para que os aprendizes desenvolvam a percepção e a consciência da língua em questão e, por este insumo, possam aprimorar sua compreensão e produção. A autora (1994) esclarece que, na negociação de significado, os aprendizes buscam esclarecimentos, confirmação e repetição do discurso que não entendem.

Esta posição é, também, defendida por Foster (1998) que vê a negociação de significado como a atividade de checar e solicitar esclarecimentos. A negociação se daria por meio de ajustes conversacionais que permeiam as interações na língua estrangeira. Segundo Van den Branden (2000, p.429, tradução nossa): "As negociações de significado visam restabelecer a compreensão mútua...".

Alguns autores falam em negociação de significado e negociação de forma (Lyster e Ranta, 1997; Van den Branden, 2000; Lyster, 2002). Para este último autor, a visão de negociação não deve se restringir ao estabelecimento da compreensão mútua, mas ampliada para que se leve em conta o *feedback* de correção e a distinção entre negociação com enfoques na forma e no significado na interação entre professor e aluno. A diferença entre tais enfoques seria funcional, sendo a função da negociação de significado considerada "conversacional" e a da forma, "didática" (Lyster; Ranta, 1997).

Também relevantes são os estudos desenvolvidos por Varonis e Gass (1985), Gass e Varonis (1985b), Doughty e Pica (1986), Pica (1996), sugerindo que os falantes não-nativos (NNSs) utilizam mais ajustes interacionais para promover o *input* compreensível.

A partir daí, a troca de informações entre aprendizes de diferentes línguas, como nas parcerias telecolaborativas e interculturais em teletandem, tenderiam a utilizar mais a negociação que em situações tradicionais de aprendizagem. Isso poderia ser justificado pela tendência dos pares possuírem diferentes níveis de conhecimento linguístico (Oliver, 2002) e menos questões em comum, o que propiciaria entraves, não somente linguísticos mas, também, culturais. Gass e Varonis (1985) afirmam que, em geral, quanto menor a proficiência do aprendiz, maior será o número de estratégias de negociação utilizadas.

Não se espera que um aprendiz, ao iniciar sua aprendizagem em determinada língua, demonstre domínio total da língua-alvo e da cultura. Trata-se de um processo de aprendizagem e muitas questões que ainda não fazem parte do repertório do aprendiz serão incorporadas na interação e na (co)construção de conhecimento em colaboração com o parceiro. Neste contexto, são recorrentes os andaimes – *scaffolding* – (Hartman, 2002), ou seja, a ajuda e os meios oferecidos pelo par mais proficiente para que o menos proficiente atinja a meta proposta para a comunicação e aprendizagem.

Pica (1996) reconhece que a interação de falantes nativos (NSs) e não nativos (NNSs), no que concerne à negociação, atende à necessidade específica de aprendizes de L2 em relação ao provimento de dados lexicais e estruturais aos NNSs, o que confirma a modificação do *output*.

Nas experiências relatadas neste livro, a visão de negociação inclui a língua (forma) mas não se restringe a ela, adquirindo um caráter mais holístico.

Há consenso nos estudos acerca da negociação de significado como ajustes feitos para que incompreensões que causam interrupções na fala sejam sanadas. Em termos de nomenclatura, estes são classificados como conversacionais (Long, 1983; Foster, 1998) e interacionais (Varonis; Gass, 1985b; Gass; Varonis, 1985; Doughty e Pica, 1986; Pica, 1996).

Long (1983) aborda dispositivos que classifica como *estratégias* ou *táticas* utilizados (a) para reparar o discurso seguido por um interrupção na comunicação e (b) para evitar novas ocorrências de interrupção. São eles: "autorrepetições, outras repetições, expansões, verificação de confirmação, pedidos de esclarecimento e verificação de compreensão" (Long, 1983, tradução nossa).

As teorias supracitadas auxiliam mas não dão conta de explicar os processos nos quais me debruço aqui. Excedo as incompreensões ou interrupções na fala para enfocar o fluxo das negociações que permeiam as interações em teletandem. De qualquer maneira, o modelo Varonis e Gass será utilizado sob a ótica dos processos e do gerenciamento do teletandem.

O modelo Varonis e Gass

O modelo de Varonis e Gass é bastante abordado por pesquisadores (Long, 1983, 1991; Pica, 1994; Van den Branden, 1997; Foster, 1998; Smith, 2003; Foster; Otha, 2005; Wang, 2006) e diz respeito à negociação de significado entre dois falantes no contexto da aprendizagem de segunda língua. Consiste em quatro pontos principais, como mostra a figura a seguir.

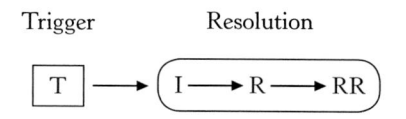

Figura 5 – Modelo de Varonis e Gass (1985b, p.74)

(1) um desencadeador (*trigger* – *T*) que estimula o entendimento incompleto da parte do ouvinte;

(2) um indicador (*indicator* – *I*) que é o sinal do ouvinte que o entendimento não foi completo;

(3) uma resposta (*response* – *R*) que é a tentativa do falante de esclarecer o insumo não aceito (conhecido como reparo – *repair*)

(4) uma reação à resposta (*reaction to the response* – *RR*) que é um elemento opcional que sinaliza a aceitação do ouvinte ou a persistência da dificuldade com o reparo do falante.

O foco de estudo de Gass e Varonis (1985) é o discurso entre falantes não nativos (NNS-NNS) para investigar, especificamente, as trocas nas quais um ou ambos interlocutores detêm informações que o outro precisa. Certificaram-se que:

1) Os interlocutores usam mais indicações de *input* não aceito quando a conversa está focada ao fluxo unilateral de informação;

2) O *papel* do interlocutor é altamente importante, com o receptor de informação usando mais indicações de *input* não aceito que o emissor;

3) A *forma* do indicador é também importante, com os interlocutores usando mais meios indiretos que diretos de expressar a incompreensão;

4) Os fatores de papel e forma *interagem*;

5) A *familiaridade* com uma tarefa específica (incluindo familiaridade com interlocutores) é diminuída mas não totalmente compensada pela necessidade de negociar significado;

6) A variante social de *sexo* é potencialmente muito importante, com as mulheres usando menos indicações de input não aceitável que os homens. (Varonis e Gass, 1985, p.160)

Este modelo é relevante pois não se prende apenas à questão linguística. No teletandem, as negociações envolvem diversas questões e, elas poderão ser visualizadas neste modelo proposto por Varonis e Gass (1985). O desencadeador, por exemplo, poderia ser não um vocábulo desconhecido que irá interromper o fluxo da conversa, mas um problema de horário para a prática de teletandem. E, a partir da exposição desta dificuldade, os processos de negociação poderão ser desencadeados em busca de uma disponibilidade mútua para o encontro.

Assim, embora trate de negociação de significado, Varonis e Gass (1985) propõem um modelo que enfoca um processo de negociação na interação entre aprendizes que trabalham colaborativamente na (co)construção de significado e conhecimento.

O teletandem e os espaços para acordos e negociações

O teletandem se mostra um ambiente profícuo e singular para os acordos e as negociações entre os pares pois envolve a autonomia e reciprocidade em trabalho telecolaborativo além de promover a comunicação síncrona e assíncrona. Diferentemente de outras formas de Computer Assisted Language Learning and Teaching

(CALLT)[1] ou de tandem, o contato pode ocorrer em tempo real, no momento da interação ou depois da interação, ou seja, os parceiros têm vários canais (aplicativos de mensagens instantâneas, e-mails, torpedos) à disposição para buscarem acordos acerca de variadas questões como cancelamento de sessões, reposição, atraso.

Varonis e Gass (1985) reconhecem que um envolvimento ativo seja necessário para a aquisição linguística. Assim, pensando-se no contexto do teletandem, a partir de um compartilhamento de agendas, o envolvimento toma grandes proporções na parceria, atingindo as esferas organizacional, educacional e pessoal de seus membros.

Ao mencionar a negociação, logo se pensa em desarranjos na comunicação que podem interromper a conversação e/ou gerar incompreensões, segundo Putnam e Roloff (1992). De acordo com Gass e Selinker (1994), as negociações são tidas como interrupções, nas quais o fluxo da conversa é interrompido e o desenvolvimento da conversa cessa, a fim de que a dificuldade na compreensão seja sanada. Para Varonis e Gass (1985), a negociação é um processo que ocorre a fim de compensar uma compreensão incompleta.

Segundo Pica (1996, p.200, tradução nossa), a negociação é "uma atividade que ocorre quando um ouvinte sinaliza para um falante que a mensagem não está clara, e falante e ouvinte modificam sua fala para resolver este impasse".

Em cenário brasileiro, Terzian (2004) utiliza o termo negociação ao analisar mecanismos que dizem respeito ao funcionamento de negociações online a fim de potencializar o uso da internet em contexto educacionais. Assim, seu enfoque está nos *chats* educacionais entre professores e alunos em cursos em língua inglesa via internet ministrados aos professores de inglês de escolas públicas do estado de São Paulo. Em seu estudo, Terzian (2004, p.10) adota o termo negociação como:

> [...] uma das dinâmicas de interação e é identificada pela presença de, pelo menos, um problema denominado tópico, colocado em

---

1 Ensino e Aprendizagem de Línguas Assistidos pelo Computador

discussão entre os interlocutores durante as trocas comunicativas em *chats* educacionais, com a finalidade de obtenção de uma solução consensual para os membros da interação, em um processo colaborativo, podendo corroborar a existência de construção de conhecimento.

Esta definição é interessante pois enfoca a interação. Apesar de fundamentar-se nas trocas somente síncronas entre aluno e professor, diferentemente do cenário aqui explorado, diferencia-se da maioria das concepções encontradas até o momento.

Kinginger (1996) vai além da visão dos autores citados e, incluindo uma visão social da comunicação, reconhece que a negociação deva ser uma rotina no discurso, não estando, necessariamente, associada a incompreensões. Entende-se que, para a autora, a negociação e o uso da língua para tal não deve estar focado somente quando a compreensão não é compartilhada, mas na interação. E, dessa forma, o conceito de negociação ultrapassa as dificuldades linguísticas e atinge uma esfera mais abrangente, a interacional.

Considerando-se o contexto (tele)colaborativo do teletandem, compartilho da constatação de Stahl (2002, p.1, tradução nossa) que: "A negociação é um componente essencial à colaboração". O autor define o termo "negociação de conhecimento" (ibidem, p.1), considerando-o um aspecto importante da construção e gerenciamento do conhecimento. Segundo ele, em um processo de negociação, existe a interação entre duas ou mais pessoas que se envolvem em uma série de mudanças e alternativas até que uma única posição consensual seja alcançada pela discussão.

Diferente das posições comentadas anteriormente que envolvem a negociação de significado, a de Stahl (2002) traz os componentes "colaboração e interação" que constituem o cenário das negociações entre os pares de teletandem. Ao abordar as negociações, tanto iniciais quanto as que permeiam as interações em teletandem, é possível identificar as etapas descritas por Stahl (2002): os pares fazem mudanças, discutem alternativas e buscam um consenso para darem seguimento à sua prática.

Assim, incorporando uma visão social da comunicação, da pesquisa acerca da sala de aula e da perspectiva interacionista sobre a aquisição de linguagem, uma definição pedagogicamente lógica é apontada por Putnam e Roloff (1992, p.8, tradução nossa).

A negociação consiste em interações nas quais os falantes aceitam, buscam um consenso, fazem acordos, resolvem um problema ou resolvem uma questão consultando ou discutindo; o propósito do uso da língua é para cumprir uma tarefa ao invés de praticar quaisquer formas linguísticas específicas.

Encontro, nesta definição, uma visão de negociação bastante apropriada para as práticas pedagógicas em teletandem descritas neste livro pois entendo que, por meio dos acordos e das negociações, os pares visam um consenso de práticas e pensamentos em prol de um ambiente de satisfação para a parceria. Não são imposições mas ações vistas em conjunto, pensando-se na harmonia e na relação entre os parceiros.

Justifico, assim, a escolha pela adoção das definições de Putnam e Roloff (1992) e Kinginger (1996), considerando que, no contexto do teletandem, o foco nos acordos e negociações não trata unicamente do não compartilhamento de informações ou conhecimento que possam gerar malentendidos ou interrupções no fluxo da conversa, como se vê na maioria dos outros autores citados. A negociação aqui não é somente decorrente de diferenças linguísticas ou de conhecimento, mas este estudo avança para os ajustes, os acordos, as consultas e as discussões entre os pares que ocorrem na comunicação (assíncrona e síncrona) para agilizar e promover maiores benefícios à aprendizagem.

Para Little (2003), estas ações são denominadas *"practical arrangements"* (arranjos práticos). Acredito que sejam de ordem prática pois tendem a agilizar as ações e, como acordos, no sentido de ajustes, buscar um consenso, negociar. Na prática, os termos se tornam equivalentes.

Putnam e Roloff (1992) e Kinginger (1996) concebem a negociação sob um prisma interacional e, no teletandem, a interação é um aspecto primordial da aprendizagem. A definição dos autores atende às expectativas e necessidades das experiências aqui apresentadas e, por isso, foram adotadas.

Os acordos e as negociações são feitos pelos parceiros, consistindo em ajustes que envolvem não somente a fala (Long, 1983), mas o remanejamento de atitudes e comportamentos em prol de ações nas quais nenhum dos pares seja prejudicado nas interações.

Os processos de negociação

É possível observar que há relações teóricas que permeiam e se entrecruzam nos processo de acordos e negociação entre os pares de teletandem, como ilustra a figura seguinte.

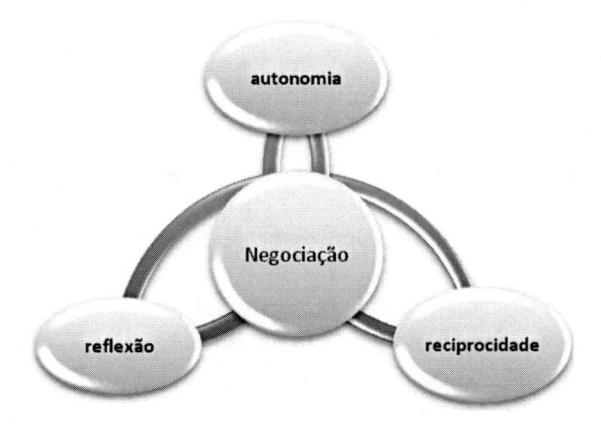

Figura 6 – Relações teóricas nos processos de negociação

Depois de reconhecer a existência dessas relações, discorro sobre a reflexão, a autonomia e a reciprocidade.

A reflexão

No âmbito tradicional de ensino e aprendizagem, o paradigma reflexivo não é, geralmente, um componente presente, nem nos professores e nem nos próprios alunos. Nota-se, muitas vezes, um círculo vicioso do ensinar do professor e do aprender do aluno, sem que seja promovida a interação nem a reflexão que, como sugere Ghedin (2002, p.148), pode facilitar o processo. O autor afirma que:

> O paradigma reflexivo em educação, se assim pudermos chamá-lo, propõe uma reflexão sistemática sobre o fazer educativo de modo que as práticas pedagógicas possam passar por ele como horizonte facilitador de um processo que torna possível a construção de novas realidades e métodos educativos.

Entretanto, a reflexão pode (e deve) ser fomentada nas práticas pedagógicas de línguas estrangeiras em escolas públicas, privadas e institutos de idiomas.

Nas práticas em tandem, a partir dos pilares – autonomia, reciprocidade e bilinguismo – os aprendizes gerenciam seu processo de ensino/aprendizagem. Dessa forma, ao buscar ajustes e acordos, engajam-se em processos de negociação, tornam-se responsáveis pelo gerenciamento do ensino/aprendizagem e da (co)construção de conhecimento e se deparam com um cenário extremamente profícuo para atitudes reflexivas e autônomas. Todavia, é importante salientar que tais atitudes não podem ser esperadas de imediato, não são posturas trazidas pelos pares mas poderão ser (co)construídas no decorrer das interações.

A autonomia e a reflexão serviram de inspiração à criação do Projeto Teletandem Brasil, segundo Telles (2006, p.23). Assim, o autor reconhece que:

> Pelo menos dois elementos tornam o Teletandem um contexto favorável à reflexão [...]: (a) o fato de o professor tornar-se aluno na hora seguinte, quebrando, assim, a tradicional assimetria didática; e (b) o fato de o aprendiz estar livre para gerenciar a aula como desejar.

Telles (2006) aponta a experiência de contextos diferentes do esperado como a base da reflexão para Schön. Assim, as práticas telecolaborativas e o teletandem constituem-se espaços para a reflexão com vistas à formação de professores pois os aprendizes irão lidar com situações nem sempre planejadas, mas que os farão refletir, preparar ou aprimorar-se rumo à (co)construção de uma nova realidade. Poderão, de forma autônoma, vivenciar as mudanças geradas pela reflexão e propagá-las em suas ações e práticas pedagógicas.

Neste sentido, Lima e Gomes (2002, p.169) consideram que "É na ação refletida e na redimensão de sua prática que o professor pode ser agente de mudanças na escola e na sociedade". Amaral et al. (1996, p.99) afirmam que "Uma prática reflexiva leva à (re) construção de saberes, atenua a separação entre teoria e prática e assenta na construção de uma circularidade em que a teoria ilumina a prática e a prática questiona a teoria".

Os processos de negociação que ocorrem nas práticas de teletandem configuram-se como um cenário rico para reflexão e posturas mais ativas por parte dos parceiros. Isso se deve às próprias relações que são desenvolvidas e coconstruídas ao longo da parceria. O acesso real à língua estrangeira, ao falante, à cultura e o autogerenciamento do processo de ensino/aprendizagem criam condições para que os aprendizes vivenciem situações e atitudes não muito exercitadas nos contextos e processos educacionais, como a autonomia e a reciprocidade de ações e o pensar sobre elas, com reflexos não só para a vida acadêmica, mas, também, pessoal.

A autonomia

É importante reconhecer que os aprendizes não foram educados para práticas autônomas e nem para assumirem estes *espaços de autonomia* (Telles, 2006, p.20). Assim, ao se inserirem em tais práticas e espaços, muitas vezes, se assustam e encontram dificuldades para se adaptar. A autonomia agrega-se à responsabilidade e, muitos aprendizes, acostumados à instrução frontal, orientada e orientadora, travam embates para superar barreiras neste caminhar rumo à construção da autonomia. É importante esclarecer que, por instrução frontal, entendo as práticas educacionais que não promovem a interação entre aprendizes e entre professor e aprendiz, mas ocorrem de forma unilateral, entre professor e aprendiz somente.

Nas interações em teletandem, os pares são livres para fazer os contatos iniciais e os ajustes necessários entre si para o planejamento de suas sessões (Vassallo; Telles, 2006, 2009). A partir do recebimento do e-mail de emparelhamento enviado pela Equipe Teletandem Brasil tem-se o primeiro estágio à autonomia que é estabelecer o contato inicial com o parceiro e, a partir daí, autonomia é conferida aos aprendizes para a negociação de objetivos, procedimentos, planejamento e gerenciamento do processo de ensino/aprendizagem de Línguas Estrangeiras (LEs) em teletandem.

Segundo Vassallo e Telles (2006, p.88, tradução nossa), "os parceiros de tandem são livres para decidir sobre *o quê*, *quando*, *onde* e *como* estudar, assim como *quanto tempo* farão as sessões". Nestes indícios de liberdade, identifico um exercício autônomo de escolhas e decisões que são os processos de acordos e negociações.

Luz (2009, p.53), cujo estudo engloba concepções de autonomia no contexto teletandem, aponta sua compreensão de atitudes autônomas:

> Entendemos que para ser autônomo, dentro do escopo teletandem, o aprendiz deve ser capaz de definir seus objetivos, o horário e duração das sessões, como quer ser avaliado, quais assuntos discutir, além de gerenciar o próprio aprendizado e o aprendizado do parceiro".

Telles (2006, p.21), pensando-se no contexto das interações em teletandem, verifica que:

> Em termos socioconstrutivistas, de fato, a autonomia não é um simples recurso para favorecer um processo de aprendizagem, mas sim, o próprio núcleo do processo. Se o conhecimento só existe na atuação do aprendiz e esta é entendida como negociação de significados, tal ação deve ser necessariamente autônoma, mas, ao mesmo tempo, precisa de um contexto e de atores sociais. Auto-

nomia significa, assim, "produzir" e não "aprender a aprender" o conhecimento. Significa aprender a ser criativo e a desfrutar a própria criatividade, assumindo a ideia de que o que se aprende depende da procura do próprio aprendiz. Nestes termos, a autonomia está associada à colaboração e a aprendizagem é, ao mesmo tempo, autônoma e colaborativa.

É possível perceber, dessa forma, que a autonomia no teletandem apresenta características próprias que a distinguem de outros contextos. Ou seja, a autonomia não se configura como um conceito fechado em si mesmo, mas existirá a partir do outro, a partir das interações, da co(construção) do conhecimento, enfim, da colaboração. Segundo Salomão et al. (2009, p.90), trata-se de uma "ação coconstruída pelos parceiros tandem. Ambos devem trabalhar juntos tanto na delimitação de seus objetivos quanto no estabelecimento de práticas e/ou procedimentos para alcançá-los".

Esta referida autonomia, no teletandem, engloba posturas sociais e individuais que se entrelaçam e contribuem para a harmonia da parceria, por mais estranho que possa parecer. Assim, nos processos de negociação entre os pares são reveladas estas características distintivas da autonomia, nas quais a presença do outro é fundamental para que os objetivos sejam alcançados de forma coconstruída.

De acordo com Little e Dam (1998), a busca pelo desenvolvimento da autonomia se apoia na afirmação que em contextos formais educacionais, a reflexão e a consciência própria favorecem a aprendizagem. Nesse mesmo pensamento, é possível retomar as linhas teóricas do teletandem que fomentam a reflexão e a transformação. A partir destas, a autonomia pode ser reconhecida e posta em prática pelos professores pré e em serviço.

A autonomia do aprendiz não implica o isolamento como verificam os autores mencionados, mas no estímulo e no conforto da interação social. É possível notar a dependência do outro no que diz respeito à autonomia no teletandem: "[...] nós necessariamente dependemos dos outros até mesmo quando exercitamos nossa independência" (Little e Dam, 1998). O parceiro no teletandem deve, sim, buscar a autonomia, mas não no isolamento e sim na interação, no trabalho colaborativo.

O processo interativo de *scaffolding* (Hartman, 2002), ou andaimes, e a zona de desenvolvimento proximal (Vygotsky, 1978) implicam o trabalho colaborativo e o suporte temporário prestado por um par mais competente para transpor dificuldades e atingir objetivos propostos e estão inseridos neste exercício rumo à autonomia. Assim, como afirmam Vassallo e Telles (2006, p.89, tradução nossa): "Os participantes de tandem nunca estão sozinhos no processo e cada um pode receber suporte e incentivo do parceiro mais proficiente em um esforço colaborativo".

Nota-se, assim, que no escopo do teletandem, a responsabilidade pelo aprendizado é bastante nítida e, a partir desta é que se desencadeiam os ajustes e as tentativas de conciliação de agendas, horários, critérios e procedimentos. Enfatizo que o professor não é excluído deste processo, mas a ele são atribuídos novos papéis à medida que auxilia o aprendiz neste caminhar autônomo.

A reciprocidade

A reciprocidade constitui-se um dos pilares do ensino/aprendizagem em tandem (Schwienhorst, 1998) e, especificamente, no que diz respeito aos processos de negociação no teletandem é merecedor de atenção. Isso porque, pela reciprocidade, espera-se que os pares demonstrem responsabilidade, disciplina e respeito mútuos.

Os parceiros de teletandem não recebem pagamento pelas sessões pois não são aulas particulares, mas trata-se de um compromisso assumido para aquisição e compartilhamento de conhecimento linguístico e cultural. Para Vassallo e Telles (2009, p.24), o princípio da reciprocidade "promove a autoestima e coloca os parceiros em posições de equidade".

Como os parceiros trabalham telecolaborativamente rumo à autonomia, as ações devem ser bilaterais para que ambos aprendizes possam desfrutar, de forma equilibrada, das oportunidades de ensino e aprendizagem. Nas interações, é de fundamental importância que os pares busquem um canal, pelos processos de negociação, tanto para oferecer quanto para receber para que, dessa forma, sejam mutuamente beneficiados com vistas ao sucesso do ensino/aprendizagem e à da relação com o outro.

É importante salientar a interdependência entre os pares de teletandem, assegurada pelo "envolvimento dos aprendizes com aquilo que fazem durante as sessões" (Vassallo; Telles, 2009, p.31). Dessa forma, o envolvimento se não recíproco, poderá acarretar em situações de desconforto e desequilíbrio, gerando desmotivação, tensão e, até, a dissolução da parceria.

Esta interdependência entre os pares encontra-se imbricada nos processos de negociação, no desenvolvimento da autonomia e nas atitudes reflexivas e deveria ser gerenciada em prol de um equilíbrio de atitudes. Espera-se que os dois aprendizes se beneficiem dentro das metas estipuladas para sua aprendizagem, mantendo a comunicação e o compromisso e fazendo ajustes na parceria sempre que considerarem necessário.

O capítulo seguinte descreve a prática pedagógica desenvolvida no Laboratório de Teletandem.

5
A PRÁTICA PEDAGÓGICA NO LABORATÓRIO

Delineando a prática

O paradigma socioconstrutivista e interpretativista é importante para a construção do quadro de significados deste estudo que aborda experiências em teletandem. De acordo com Schwandt (1998, p.221-2, tradução nossa):

> O mundo da realidade vivida e os significados específicos das situações que constituem o objeto de investigação são construídos por atores sociais. Estes estão situados em lugares e tempos específicos e constituem significados dos acontecimentos e fenômenos através de complexos processos de interação social, envolvendo história, linguagem e ações. O construtivista ou interpretativista acredita que, para se compreender este mundo de significados, deve-se interpretá-lo.

No que concerne à pesquisa qualitativa, Burns (1999, p.23, tradução nossa) aponta as seguintes características:

> inclui interpretações socialmente subjetivas e relativas do fenômeno; apoia-se em dados para desenvolver e refinar hipóteses;

interpreta o comportamento humano a partir das perspectivas dos participantes; explora ambientes culturais naturalísticos sem controlar as variáveis; junta dados "ricos" e os interpreta através de "densa" descrição e análise; garante validade por meio de diversas fontes de dados; não busca generalizar além do contexto de pesquisa; foca nos processos assim como nos resultados da pesquisa.

Para Denzin e Lincoln (1998), a palavra qualitativa, em contraponto à quantitativa, atribui uma ênfase em processos e significados que não são rigorosamente examinados ou medidos se considerarmos a quantidade, intensidade ou frequência. Chaudron (1988) afirma que a abordagem quantitativa relaciona-se à medida numérica e análise estatística e inferência. Já a pesquisa qualitativa diz respeito à descrição de comportamentos na sala de aula, classificação de processos e inferências subjetivas rumo à generalização.

Dessa forma, a experiência aqui relatada se enquadra em padrões qualitativos. Todavia, alguns aspectos quantitativos serão abordados. Esta é uma necessidade reconhecida por muitos estudiosos, segundo Chaudron (1988, p.48), para auxiliar na análise e validação dos dados "tendo-se em vista o poder para alterar perspectivas nas variáveis de interesse e para auxiliar no desenvolvimento de construtos teóricos ou relações". Compartilhamos com Wallace (1998, p.38, tradução nossa) a ideia de que "dados quantitativos podem trazer luz a critérios qualitativos e vice-versa".

No que concerne à hermenêutica, ela foi consolidada como um método empírico de investigação, ocorreu no final da década de 1960, como resistência ao positivismo. O termo, cujas origens se encontram na mitologia grega, significa "esclarecedor", "significativo", "interpretativo". Grondin (1994) reconhece que o propósito de tornar o significado inteligível se confirma na etimologia da palavra.

Wilhelm Dilthey (1994, p.148, tradução nossa), um grande nome na hermenêutica, trouxe grandes contribuições ao século XX "[...] rumo à uma nova fundação da teoria e metodologia das ciências humanas.

Dessa forma, a interpretação se constitui um importante fator na busca do entendimento do significado. Pensando-se, assim, na coconstrução das relações e do conhecimento, as experiências aqui expostas constituem-se um recorte de nossa pesquisa de doutorado, qualitativa de base etnográfica sob a perspectiva interpretativista da hermenêutica. (Bogdan; Biklen, 1998; André, 2000; Burns, 1999; Chaudron, 1988; Denzin; Lincoln, 1998; Erickson, 1986; Wallace, 1998; Van Manen, 1990; Hermann, 2002)

Ponto de partida

O contexto geral, o Projeto de Pesquisa Teletandem Brasil (TTB): *línguas estrangeiras para todos* já foi explorado no capítulo 3. Assim, retomo algumas informações necessárias e passo ao detalhamento do cenário e de algumas ações.

As informações deste estudo são provenientes das interações em teletandem entre alunos brasileiros de línguas estrangeiras do curso de Letras da Faculdade de Ciências e Letras da Unesp, *campus* de Assis e alunos de universidades no exterior que cursam Língua Portuguesa como LE.

O teletandem, com o intuito de oferecer acesso democrático e gratuito às línguas estrangeiras, tem conseguido, desde sua criação, preencher esta lacuna na experiência e formação dos alunos e futuros professores de línguas.

Com o apoio da Fundação de Amparo à Pesquisa do Estado de São Paulo (Fapesp), dois laboratórios foram instalados na Unesp, nos *campus* de Assis e de São José do Rio Preto, oferecendo, de forma gratuita, um espaço apropriado para a prática de teletandem, além de serviços e atividades para os aprendizes de línguas estrangeiras. Os Laboratórios são providos de equipamentos de alta tecnologia com rápida conexão à internet, microfones e câmeras.

No Laboratório de Teletandem da Unesp, *campus* de São José do Rio Preto, os professores coordenadores do Projeto TTB e alunos da Pós-Graduação em Letras e Estudos Linguísticos são os responsáveis pelo gerenciamento do local e atividades lá desenvolvidas.

O Laboratório de Teletandem da Unesp, *campus* de Assis conta, além do coordenador geral do projeto, com o apoio de alunos voluntários de graduação que exercem a função de monitores que, com treinamento adequado, auxiliam na abertura, manutenção e atendimento ao público. Também há os orientadores que são alunos da graduação e bolsistas de iniciação científica que prestam suporte teórico e técnico para os alunos que irão frequentar o laboratório para suas sessões de interação em teletandem.

A construção da prática pedagógica que ora descrevo foi delimitada ao Laboratório de Teletandem da Unesp, *campus* de Assis, local onde meus estudantes brasileiros fizeram suas interações.

Os alunos foram instruídos a realizar a inscrição no *website* do Projeto Teletandem Brasil para obter seu parceiro de teletandem, conforme mostra a figura 7.

Figura 7 – Página inicial do *website* do TTB[1]

---

1 Disponível em: <www.teletandembrasil.org>.

A Equipe do Teletandem Brasil é responsável pelo *website* do projeto e por todos os serviços e atividades prestados à comunidade universitária, desde a manutenção até o emparelhamento dos alunos. Esta mesma equipe encarrega-se de estabelecer contato com as universidades no exterior, especificamente com os Departamentos de Língua Portuguesa e os professores responsáveis para que o TTB seja divulgado e os alunos estrangeiros incentivados a participar.

Esta é uma parte desafiadora para o projeto pois se constata, nesses anos de pesquisas no TTB, que a demanda pela aprendizagem da língua estrangeira no Brasil é bem maior que a dos estrangeiros pela aprendizagem da língua portuguesa.

Uma outra questão é a parceria com os próprios Departamentos de português para estrangeiros no exterior que, muitas vezes, não se dispõem a receber e tomar ciência desta proposta inovadora. Todavia, há exceções e professores que abraçam a causa e se empenham em levar a parceria aos demais colegas, coordenadores e alunos e se tornam responsáveis pela implementação do TTB em suas universidades.

Em se tratando de um projeto educacional de pesquisa, o teletandem restringe-se à Unesp, mas, no futuro, o acesso à comunidade externa será possibilitado.

Para se cadastrar e usar o laboratório para as sessões de teletandem, os alunos devem preencher formulários com informações pessoais, trazer fotos para a carteirinha de identificação, e cópia do e-mail de emparelhamento e do contato inicial com o parceiro. Também, participam de sessões de orientação teórica (Gomes de Souza, 2008) e prática (De Souza, 2008) conforme agendamento prévio com os orientadores e mediadores responsáveis.

Essas sessões foram criadas em 2008 com o objetivo de oferecer melhor suporte e dicas aos parceiros nas interações em teletandem e, ainda, sanar algumas dificuldades percebidas em conversas informais e relatos de parcerias.

Nas sessões de orientação teórica, as fundamentações do projeto TTB são apresentadas. A definição e os pilares constituintes do contexto de aprendizagem de línguas em tandem são também abordados para que os alunos adquiram um embasamento antes de iniciar seu teletandem, com vistas à maximização do processo.

É interessante ressaltar que a sessão de orientação teórica muito ajuda os alunos a desvincular-se da ideia que trazem do teletandem, como um simples bate-papo na internet com um nativo ou proficiente na língua e sem quaisquer vínculos pedagógicos.

Sempre que possível, uma simulação de um teletandem é feita ou uma exibição de gravação de parte de uma interação para que, a partir dali, a visualização permita melhor compreensão e conscientização do processo.

As sessões começaram a ser oferecidas quando percebeu-se que, apesar de receberem sugestões de leituras de material disponível no *website* do TTB antes de iniciar o teletandem, os alunos não as faziam, ou se faziam, não era satisfatória. Enfrentavam algumas dificuldades e recorriam, às vezes, desnecessariamente, ao professor ou coordenador do projeto.

Assim, alunos brasileiros recebem, de forma presencial, este suporte, além de dicas e sugestões de vivências próprias e dos cursos sobre aprendizagem em tandem realizados.

Em relação aos estudantes estrangeiros, as sessões de orientação ocorrem virtualmente por meio de videoconferências no ooVoo ou Skype mediante prévio agendamento, conforme a figura 8. Nestas sessões, um arquivo com o conteúdo a ser abordado é enviado, por e-mail, antecipadamente ao professor estrangeiro responsável para que seus estudantes possam visualmente acompanhar a orientação. Este arquivo e a língua na qual as sessões de orientação são ministradas dependem das necessidades, podendo ocorrer em português ou na língua materna ou de proficiência dos alunos estrangeiros.

Nas sessões de orientação prática, os alunos brasileiros participam de oficinas e têm a chance de trabalhar e se familiarizar com os aplicativos de mensagens instantâneas como o Skype, ooVoo e Talk&Write (TAW), sendo que o último oferece uma lousa eletrô-

Figura 8 – Foto da sessão de orientação virtual a uma universidade estrangeira ministrada no Laboratório de Teletandem de Assis (2009)

nica na qual os dois parceiros podem trabalhar em conjunto, fornecendo e recebendo informações, desenhos e podendo alterá-los. A figura 9 foi retirada do *website* do TTB e mostra uma interação de teletandem pelo Skype com o uso simultâneo do TAW.

Os alunos, também, aprendem a manusear o Windows Vista salvando arquivos, configurando áudio e vídeo, aprendem a controlar alterações e inserir comentários em documentos do Word que auxiliam na correção de trabalhos escritos, no caso de tarefas trocadas entre os pares. E, ainda, conhecem programas de gravação em áudio e vídeo das interações.

As sessões duram aproximadamente uma hora e trinta minutos cada uma e aconselha-se que sejam feitas em dias diferentes para melhor aproveitamento dos conteúdos expostos. Podem ocorrer individualmente ou em grupo e são necessárias para que os alunos possam ter acesso e desfrutar dos serviços oferecidos pelo laboratório. A figura 10 retrata uma sessão de orientação prática ministrada no Laboratório de Teletandem de Assis.

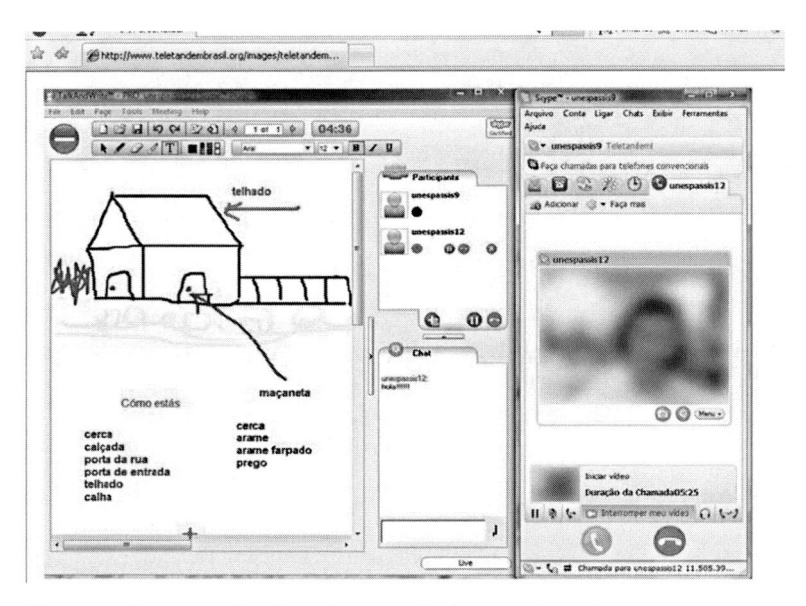

Figura 9 – Interação de teletandem por Skype com o TAW[2]

Figura 10 – Foto da sessão de orientação prática ministrada no Laboratório de Teletandem de Assis (2008)

---

2 Disponível em: <www.teletandembrasil.org>.

Considerando-se a necessidade de parcerias com universidades estrangeiras para que seus estudantes tomem ciência do Projeto Teletandem Brasil e se inscrevam para a prática de teletandem, os contatos com os Departamentos de Língua Portuguesa no exterior são frequentes pela Equipe TTB. Visitas e oficinas são realizadas no exterior com a finalidade divulgar e promover o Projeto para que os estudantes brasileiros tenham acesso às línguas, aos falantes e às culturas, conforme proposta do TTB. Assim, em algumas das visitas ao exterior, foi possível organizar sessões de videoconferência com os alunos estrangeiros e brasileiros. Os alunos estrangeiros receberam informações sobre a aprendizagem em tandem e o projeto TTB e, em seguida, interagiram com os brasileiros que estavam no Laboratório de Teletandem de Assis. Estas sessões de videoconferência com as universidades estrangeiras tiveram a duração aproximada de 45 minutos, nos quais 15 eram destinados às instruções fornecidas no exterior e 30 para que os estudantes se comunicassem (15 minutos em português e 15 em inglês).

Foi com muita motivação que os estudantes, tanto estrangeiros quanto brasileiros, compareceram às videoconferências para interagirem de forma síncrona por meio do Skype e ooVoo e seus recursos de áudio, vídeo, escrita e leitura.

Figura 11 – Foto de sessão de videoconferência com universidade estrangeira no Laboratório de Teletandem de Assis (2009)

Figura 12 – Foto de sessão de videoconferência com universidade estrangeira no Laboratório de Teletandem de Assis (2009)

Participantes

A professora

Além de colaboradora e pesquisadora do TTB, minhas atividades de docência junto à Unesp, conduziram-me ao papel de participante (Burns, 1999). Responsável pelas disciplinas de Iniciação à Língua Inglesa e Língua Inglesa I desde a criação do projeto, o TTB é, muitas vezes, trazido e discutido durante minhas aulas como proposta inovadora e complementar ao trabalho pedagógico desenvolvido. Os alunos, altamente motivados para aprender a língua estrangeira, buscam alternativas que ultrapassem os conteúdos formais e limites impostos pela sala de aula e, de fato, estabeleçam o contato real com a língua, com o falante e com a realidade e cultura estrangeira. E encontram, no teletandem, acesso aos elementos mencionados.

Estabeleci contato com os alunos, realizei entrevistas, coletei informações, observei sessões de interação assim como sessões de orientação teórica e prática e analisei os dados obtidos. Na condição de participante, assumi o papel de mediadora, colocando-me à disposição dos alunos que faziam teletandem para auxiliá-los no caso de dificuldades com o processo ou com o parceiro. Em minha figura, viam um canal de fácil acesso, uma pessoa a quem poderiam recorrer a qualquer momento, na sala de aula, no e-mail e, até mesmo, no Orkut (um site popular de relacionamentos). Além de que, pelo fato de ser a professora com quem frequentemente convivem, os alunos têm mais confiança e liberdade para se aproximar e esclarecer dúvidas, pedir ajuda ou compartilhar fatos da parceria e do ensino da língua materna e aprendizagem da LE.

É necessário que, como sugere Burns (1999), o observador busque um equilíbrio entre manter a subjetividade e encontrar um espaço nas estruturas sociais da sala de aula, especialmente se as observações ocorrem em um período de tempo.

Os alunos

Os alunos envolvidos nesta experiência que ora descrevo são brasileiros de graduação do Curso de Letras da Unesp, *campus* de Assis, aprendizes regularmente matriculados nas disciplinas de Língua Inglesa, Língua Francesa, Língua Alemã e Língua Espanhola e alunos estrangeiros falantes nativos ou proficientes nas línguas que acabei de mencionar e, também, aprendizes de Língua Portuguesa.

Os quadros 5 e 6 apresentam as vinte duplas dos alunos (brasileiro e estrangeiro), suas respectivas línguas: português (P), inglês (I), alemão (A), espanhol (E) e francês (F) e o período da parceria.

No quadro 5, as duplas estão listadas de acordo com a ordem cronológica do período que fizeram teletandem, de 2005 a 2009.

Quadro 5 – Participantes, línguas, ano e período de teletandem (ordem cronológica)

Alunos	Línguas	Ano	Período da parceria											
Maria e Susan	P I	2005	jan	fev	mar	abr	mai	jun	jul	ago	set	out	nov	dez
Lívia e Emma	P A	2006	jan	fev	mar	abr	mai	jun	jul	ago	set	out	nov	dez
		2007	jan	fev	mar	abr	mai	jun	jul	ago	set	out	nov	dez
Juliana e Juliet	P I	2007	jan	fev	mar	abr	mai	jun	jul	ago	set	out	nov	dez
		2008	jan	fev	mar	abr	mai	jun	jul	ago	set	out	nov	dez
Taís e Steve	P I	2007	jan	fev	mar	abr	mai	jun	jul	ago	set	out	nov	dez
		2008	jan	fev	mar	abr	mai	jun	jul	ago	set	out	nov	dez
Pedro e Hugo	P E	2007	jan	fev	mar	abr	mai	jun	jul	ago	set	out	nov	dez
Lúcia e Sophie	P F	2007	jan	fev	mar	abr	mai	jun	jul	ago	set	out	nov	dez
Ana e Mia	P I	2007	jan	fev	mar	abr	mai	jun	jul	ago	set	out	nov	dez
		2008	jan	fev	mar	abr	mai	jun	jul	ago	set	out	nov	dez
Luciana e Ellen	P I	2008	jan	fev	mar	abr	mai	jun	jul	ago	set	out	nov	dez
Isabela e Jessica	P I	2008	jan	fev	mar	abr	mai	jun	jul	ago	set	out	nov	dez
Melissa e Jeremy	P I	2008	jan	fev	mar	abr	mai	jun	jul	ago	set	out	nov	dez
Célia e Justine	P F	2008	jan	fev	mar	abr	mai	jun	jul	ago	set	out	nov	dez
Juliana e Jake	P I	2008	jan	fev	mar	abr	mai	jun	jul	ago	set	out	nov	dez
Priscila e Martha	P I	2008	jan	fev	mar	abr	mai	jun	jul	ago	set	out	nov	dez
Lucas e Claire	P I	2008	jan	fev	mar	abr	mai	jun	jul	ago	set	out	nov	dez
Jonas e Sarah	P I	2008	jan	fev	mar	abr	mai	jun	jul	ago	set	out	nov	dez
Clarice e Brian	P I	2008	jan	fev	mar	abr	mai	jun	jul	ago	set	out	nov	dez
Gabriel e Karen	P I	2008	jan	fev	mar	abr	mai	jun	jul	ago	set	out	nov	dez
Lívia e Simon	P I	2008	jan	fev	mar	abr	mai	jun	jul	ago	set	out	nov	dez
Tatiana e Julia	P I	2008	jan	fev	mar	abr	mai	jun	jul	ago	set	out	nov	dez
		2009	jan	fev	mar	abr	mai	jun	jul	ago	set	out	nov	dez
Luciana e Mia	P I	2008	jan	fev	mar	abr	mai	jun	jul	ago	set	out	nov	dez
		2009	jan	fev	mar	abr	mai	jun	jul	ago	set	out	nov	dez

No quadro 6, chamo a atenção do leitor para a duração das parcerias, sendo a mais longa de quinze meses e a menor de um.

Quadro 6 – Participantes, línguas, ano, período e duração de teletandem

Alunos	Línguas	Ano	Período da parceria													Duração (meses)
Lívia e Emma	P A	2006	jan	fev	mar	abr	mai	jun	jul	ago	set	out	nov	dez	15
		2007	jan	fev	mar	abr	mai	jun	jul	ago	set	out	nov	dez	
Juliana e Juliet	P I	2007	jan	fev	mar	abr	mai	jun	jul	ago	set	out	nov	dez	9
		2008	jan	fev	mar	abr	mai	jun	jul	ago	set	out	nov	dez	
Taís e Steve	P I	2007	jan	fev	mar	abr	mai	jun	jul	ago	set	out	nov	dez	9
		2008	jan	fev	mar	abr	mai	jun	jul	ago	set	out	nov	dez	
Luciana e Ellen	P I	2008	jan	fev	mar	abr	mai	jun	jul	ago	set	out	nov	dez	9
Luciana e Mia	P I	2008	jan	fev	mar	abr	mai	jun	jul	ago	set	out	nov	dez	9
		2009	jan	fev	mar	abr	mai	jun	jul	ago	set	out	nov	dez	
Tatiana e Julia	P I	2008	jan	fev	mar	abr	mai	jun	jul	ago	set	out	nov	dez	9
		2009	jan	fev	mar	abr	mai	jun	jul	ago	set	out	nov	dez	
Melissa e Jeremy	P I	2008	jan	fev	mar	abr	mai	jun	jul	ago	set	out	nov	dez	6
Pedro e Hugo	P E	2007	jan	fev	mar	abr	mai	jun	jul	ago	set	out	nov	dez	5
Ana e Mia	P I	2007	jan	fev	mar	abr	mai	jun	jul	ago	set	out	nov	dez	4
		2008	jan	fev	mar	abr	mai	jun	jul	ago	set	out	nov	dez	
Lucas e Claire	P I	2008	jan	fev	mar	abr	mai	jun	jul	ago	set	out	nov	dez	4
Maria e Susan	P I	2005	jan	fev	mar	abr	mai	jun	jul	ago	set	out	nov	dez	3
Lúcia e Sophie	P F	2007	jan	fev	mar	abr	mai	jun	jul	ago	set	out	nov	dez	3
Juliana e Jake	P I	2008	jan	fev	mar	abr	mai	jun	jul	ago	set	out	nov	dez	3
Priscila e Martha	P I	2008	jan	fev	mar	abr	mai	jun	jul	ago	set	out	nov	dez	3
Isabela e Jessica	P I	2008	jan	fev	mar	abr	mai	jun	jul	ago	set	out	nov	dez	2
Jonas e Sarah	P I	2008	jan	fev	mar	abr	mai	jun	jul	ago	set	out	nov	dez	2
Lívia e Simon	P I	2008	jan	fev	mar	abr	mai	jun	jul	ago	set	out	nov	dez	2
Célia e Justine	P F	2008	jan	fev	mar	abr	mai	jun	jul	ago	set	out	nov	dez	2
Gabriel e Karen	P I	2008	jan	fev	mar	abr	mai	jun	jul	ago	set	out	nov	dez	1
Clarice e Brian	P I	2008	jan	fev	mar	abr	mai	jun	jul	ago	set	out	nov	dez	1

É importante mencionar que a identidade dos alunos foi preser-vada por questões de ética e que, aqui, os nomes são fictícios.

Construindo a prática pedagógica: mãos à obra

As parcerias foram observadas durante quarenta e três meses, no período de outubro de 2005 a abril de 2009. É importante salientar que a coleta dos dados, assim como as parcerias, não ocorreu de forma linear e ininterrupta. É possível observar que alguns alunos fazem parte de mais de uma parceria, em momentos distintos. Tais fatos podem justificar a longa duração da observação das informações – 43 meses – sendo que a parceria mais longa teve a duração de 15 meses.

A maior concentração e volume de parcerias se deu em 2007 e 2008 e isso ocorreu em função da instalação do laboratório de Teletandem na universidade nos últimos anos que facilitou o acompanhamento dos praticantes de teletandem e uma observação mais consistente e estruturada, considerando-se que, no início, não havia um suporte teórico e técnico aos alunos da forma como atualmente é feito.

Uma questão que deve ser ressaltada é minha inserção no projeto TTB desde seu início, permitindo acompanhar a formação das parcerias e selecionar os alunos.

Um outro possível ponto para o aumento do volume de informações nos referidos anos, considerando-se, também a maior divulgação do TTB, poderia ser o fortalecimento e estreitamento dos laços com as universidades estrangeiras[3] que começaram a enviar mais alunos para fazer teletandem.

---

3 Lista de universidades no exterior conveniadas com o Projeto Teletandem Brasil (Telles, 2009b, p.1):
   – Northwestern University, Estados Unidos;
   – Georgetown University, Estados Unidos (adesão em 2008);
   – Utah Valley University, Estados Unidos (adesão em 2008);
   – Truman State University, Estados Unidos;
   – Université Charles-de-Gaulle, Lille III, França (em convênio institucional com a Unesp);
   – Université Lumière, Lyon II, França (adesão em 2008);
   – Università del Salento, Itália (convênio institucional com a Unesp);

Diante de muita responsabilidade e ética, os alunos (brasileiros e estrangeiros) concordaram em se engajar nas práticas pedagógicas em teletandem propostas e assinaram um termo de consentimento que concede direitos ao professor/pesquisador sobre as informações provenientes de suas interações.

As interações foram observadas por meio de: (a) e-mails; (b) gravações em áudio e vídeo; (c) entrevistas semiestruturadas; (d) conversas informais; (e) registros escritos das interações, (f) relatos escritos dos participantes e (g) notas de campo no laboratório de teletandem da Unesp, *campus* de Assis.

Assim, os alunos brasileiros me enviavam o material proveniente das práticas em teletandem, como e-mails enviados e recebidos, registros escritos das interações, relatos escritos. Estes eram armazenados e, posteriormente, compilados.

As gravações em áudio e vídeo das interações no período inicial do TTB foram feitas por meio de *softwares* gratuitos que fazem a gravação de tela (no caso das interações via MSN ou WLM) ou o próprio recurso de gravação do ooVoo. As gravações pelo *software* eram realizadas pelos participantes brasileiros em CDs e entregues a mim. Todavia, isso não ocorria com muita assiduidade pois, segundo os participantes, quando a gravação era feita havia interferências no som e na conexão à internet. As realizadas pelo ooVoo eram provenientes das interações em teletandem pelos brasileiros no Laboratório de TTB e ficavam, portanto, temporariamente armazenadas nos computadores do local. Após as interações, as interações eram salvas em *pen-drive* e, em seguida, armazenadas em CDs.

- Università degli Studi di Salerno, Itália (convênio institucional com a Unesp);
- Università degli Studi Roma III, Itália (adesão em 2008) (convênio institucional com a Unesp);
- Johannes Gütenberg Universität, Alemanha (convênio institucional com a Unesp);
- Universidad Nacional de La Matanza, Argentina (convênio institucional com a Unesp);
- UTU – Universidad del Trabajo de Uruguay, Uruguai (adesão em andamento);
- Universidad Autonoma de Mexico, Mexico (adesão em 2008).

As entrevistas, feitas pelo ooVoo, eram agendadas antecipadamente e permitiam o contato simultâneo com os alunos. Isso possibilitou obter informações preciosas além de oferecer ao aluno estrangeiro um canal e uma oportunidade de expressão. Estas entrevistas foram gravadas também pelo recurso do ooVoo e, posteriormente, transferidas do computador para CDs.

As conversas informais, com os brasileiros, eram registradas em um gravador digital e, em seguida, armazenadas em um computador para serem transcritas. Ocorriam esporadicamente, principalmente, quando se percebiam dúvidas, inseguranças ou sucessos a compartilhar.

Os relatos dos aprendizes, brasileiros e estrangeiros, eram enviados por e-mail ou pelo Orkut, na forma de recados ou depoimento (quando desejavam privacidade). Este era um procedimento bastante natural e, apesar de esporadicamente solicitado por mim, os alunos os faziam quando desejavam.

As notas de campo foram geradas a partir da convivência com os praticantes de teletandem no ambiente do Laboratório de Teletandem de Assis.

Em seguida, enfatizo cada instrumento utilizado para coleta de informações nas interações de teletandem.

E-mails

Esta forma de comunicação assíncrona é muito valiosa tendo-se em vista que é através do e-mail que os primeiros contatos são estabelecidos entre os pares. É um canal portador de expectativas, entusiasmo, interesse. A partir deste contato inicial é que se percebe o delinear da parceria, o perfil dos alunos envolvidos e o estabelecimento (ou não) de relações de aprendizagem via teletandem.

Para se enfocar os acordos e negociações iniciais entre os pares, o e-mail é considerado um instrumento primordial. Dessa forma, para melhor orientar o leitor e conduzir o trabalho, os e-mails trocados entre os pares nos primeiros contatos serão denominados EIP (e-mail trocado no início da parceria) e os trocados durante a parceria, antes ou depois das sessões de interação, EDP (e-mail trocado durante a parceria).

Gravações em áudio e vídeo das interações no ooVoo

As gravações das sessões em áudio e vídeo são muito importantes pois retratam a interação em si. Nas primeiras etapas de implementação do TTB, as gravações se tornavam difíceis pois os alunos, sem um local específico para encontrar o parceiro, interagiam em casa ou em *lan houses* via MSN (que, depois de atualizações, passou a ser denominado Windows Live Messenger – WLM).

Existem vários programas (pagos ou gratuitos) que fazem esta gravação, todavia, segundo relatos, geravam problemas no áudio. Os parceiros, incomodados com o procedimento, pediam que fosse interrompido. Um outro ponto é que, em *lan houses*, programas não podem simplesmente serem baixados nos computadores e informações não podem ser armazenadas. Assim, desta fase inicial, tenho poucas gravações em áudio e vídeo, sendo o maior volume de informações provenientes dos e-mails, entrevistas e registros escritos.

Sabe-se que os pares têm autonomia para negociar e escolher o aplicativo pelo qual podem fazer as sessões de teletandem (MSN/WLM, Skype ou ooVoo), conforme já mencionado. Alguns estrangeiros, no entanto, só possuíam acesso ao ooVoo em suas universidades.

Nosso apreço e preferência pelo ooVoo se deu por conta de seu recurso gratuito próprio de gravação de áudio e vídeo simultâneos, algo de fácil manuseio e acesso, possibilitando grande e importante material, inclusive as entrevistas. Este recurso era amplamente utilizado pelos professores e pelos alunos (para prática e organização de conteúdos das interações). Todavia, deixou de ser gratuitamente disponibilizado e, por questões financeiras, alunos e pesquisadores deixaram de utilizá-lo. Embora o coordenador geral do Projeto Teletandem Brasil tenha buscado contato com os responsáveis pelo ooVoo na tentativa de mostrar-lhes o interesse educacional no recurso, nenhum sucesso foi obtido.

Entrevistas virtuais com os pares no ooVoo

Foi possível desfrutar do recurso de gravação inicialmente gratuito do ooVoo e realizar algumas entrevistas entre os pares sendo que, posteriormente, tive que adquirir o serviço a U$ 10.00 mensais.

Fiz contato com os alunos, brasileiro e estrangeiro ou só estrangeiro, explicando-lhes algumas questões a respeito da aprendizagem em tandem e abrindo canal para que pudessem se organizar e expressar suas opiniões, avaliando e refletindo sobre seu teletandem. Assim, negociamos os horários segundo a disponibilidade de cada um e nos encontramos on-line. Com a duração de dez a trinta minutos, as entrevistas eram feitas de forma bastante descontraída para que se sentissem confortáveis para discorrer sobre sua experiência e conversar comigo e com o parceiro, quando era o caso.

Um outro ponto positivo acerca do uso do ooVoo é a possibilidade de se conectar a mais de uma pessoa simultaneamente. Assim, é possível que três pessoas se vejam e se comuniquem na mesma tela. Este recurso possibilitou a entrevista com os parceiros, brasileiro e estrangeiro, de forma síncrona.

Conversas informais

Como o contato com os alunos participantes brasileiros era frequente, em sala de aula (de duas a três vezes por semana), nos corredores da universidade, no Laboratório de Teletandem e no Orkut, eles sentiam-se à vontade para vir e falar de seu teletandem. Discorriam sobre a parceria, sobre a nova experiência de aprendizagem, relatavam dificuldades, avanços, faziam avaliações e reflexões, reclamavam, elogiavam, sanavam dúvidas, pediam orientações etc. As conversas informais orais eram gravadas em áudio ou filmadas com uma câmera digital sempre que possível.

Aos estrangeiros, solicitei que enviassem, esporadicamente, relatos sobre seu teletandem. Quando o faziam, esses eram enviados por e-mail ou Orkut e, em termos gerais, faziam as mesmas coisas que os brasileiros nestas conversas informais. Dos poucos relatos coletados, há informações interessantes, aos quais retornarei mais adiante.

Registros escritos das interações no MSN/WLM e ooVoo

Os registros escritos no MSN/WLM são chamados de históricos, indicam horário do encontro, turnos, a conversa na modalidade escrita e algumas ações, também, como teste e ajustes no equipamento (possíveis problemas e soluções), negociações durante as interações, uso de áudio e vídeo, envio de arquivos com textos, fotos etc. É possível, notar, também, a habilidade dos parceiros ao escrever, o registro linguístico que utilizam em seus discursos, o perfil, características e objetivos dos parceiros, dentre outras questões.

No ooVoo tem-se um espaço para que os alunos escrevam ao mesmo tempo que se veem e conversam. Todavia, falta uma opção que permita o armazenamento automático da parte escrita da interação, como apresenta o MSN/WLM. Diversas vezes, em interações no ooVoo, os parceiros finalizavam as sessões e não se lembravam de salvar a parte escrita e a perdiam, não podendo recuperá-la uma vez fechada a janela.

Relatos escritos dos participantes

Os relatos feitos pelos participantes são de grande importância pois trazem informações concisas e diretas acerca da parceria de teletandem. Algumas vezes, era solicitado que o participante discorresse, de uma forma geral, sobre suas interações e sobre o processo de teletandem com o par e, em outras, de forma mais específica e direcionada, eram enviadas algumas perguntas, para que o estudante pudesse se basear para falar de seu teletandem.

Tais relatos eram feitos de forma esporádica, não havendo uma sistematização nem um agendamento para a produção e envio de relatos. Algumas vezes, a solicitação dos relatos não era atendida e em outras, demoravam a ser entregues. De qualquer forma, considero que sejam muito importantes pois, além de revelar a perspectiva dos pares, promoveram reflexão nos participantes que tiveram que escrevê-los.

Notas de campo no Laboratório de Teletandem de Assis

A presença no Laboratório de Teletandem permite o contato com os alunos, de diversas parcerias e línguas, e, em conversas e relatos informais, tomar ciência de fatos, questões e relações pertinentes ao teletandem. Informações que dizem respeito a sucesso e insucesso podem ser obtidas muito rapidamente.

As sessões de orientação teórica e prática, das quais já tratei, como também ocorrem no Laboratório de Teletandem de Assis, permitiram-me estar junto com os alunos e obter informações necessárias e importantes, como os objetivos e expectativas dos aprendizes brasileiros em relação ao processo de ensino/aprendizagem e à parceria.

Por algumas vezes, a equipe do TTB conseguiu realizar, antes do envio do e-mail das parcerias, um encontro virtual pelo ooVoo entre os grupos futuros pares de alunos brasileiros e estrangeiros, com seus respectivos professores-orientadores. Pude presenciar esses encontros no Laboratório de Teletandem de Assis.

Os alunos brasileiros convidados para o encontro compareciam e, em seus relatos, percebia-se o entusiasmo por conhecer o futuro parceiro e motivação para logo começar as sessões de teletandem. O contato visual era de grande importância, acredito que para os dois lados, alunos brasileiros e estrangeiros e professores-orientadores daqui e de lá.

Trabalhando com as informações

Sob a ótica interpretativista da hermenêutica, as informações obtidas foram analisadas, observando a presença ou ausência de negociação entre os pares de teletandem.

Para que se tenha um panorama geral, apresento o quadro seguinte que contempla os nomes dos pares, os dados disponíveis e o período da parceria. Para facilitar a leitura, esclareço que o primeiro nome é sempre o do aluno (a) brasileiro (a) e a ordem em que estão dispostos é cronológica, segundo a formação das parcerias.

Quadro 7 – Nomes dos pares, dados coletados e período da parceria

Nomes	Dados disponíveis	Duração
1. Maria Susan	* E-mails (EIP – EDP) * Conversas informais * Registros MSN * Relatos escritos	Out. a Dez. 2005
2. Lívia Emma	* E-mails (EIP – EDP) *gravações no ooVoo	Out. 2006 a Dez. 2007
3. Juliana Juliet	* E-mails (EIP – EDP) * gravações no ooVoo * entrevista no ooVoo com as 2 alunas * Conversas informais (Juliana) * Registros MSN * Relatos escritos	Ago. 2007 a Abr. 2008
4.Taís Steve	* E-mails (EIP – EDP) * gravações no MSN e ooVoo * entrevista no ooVoo com os 2 alunos * Registros MSN * Relatos escritos	Ago. 2007 a Abr. 2008
5. Pedro Hugo	* E-mails (EIP – EDP)	Ago. a Dez. 2007
6. Lúcia Sophie	* E-mails (EIP – EDP) * Registros MSN	Set. a Nov. 2007
7. Ana Mia	* E-mails (EIP – EDP)	Dez. 2007 a Mar. 2008
8. Luciana Ellen	*E-mails (EIP – EDP) * gravações no ooVoo * Registros MSN e ooVoo * Relatos escritos	Abr. 2008 até o momento
9. Isabela Jessica	* E-mails (EIP)	Abr. a Maio 2008
10. Melissa Jeremy	* E-mails (EIP – EDP) * Conversas informais * Registros Skype * Registros ooVoo * Relatos escritos	Jun. a Nov. 2008
11. Tatiana Julia	*E-mails (EIP – EDP) * gravações no ooVoo, * entrevista no ooVoo com Julia * conversa informal com Tatiana * Relatos escritos	Ago. 2008 a Abr. 2009
12. Juliana Jake	*E-mails (EIP – EDP) * gravações no ooVoo * Relatos escritos	Ago. a Out. 2008

Continua

Quadro 7 – *Continua*

Nomes	Dados disponíveis	Duração
13. Priscila Martha	*E-mails (EIP – EDP) * gravações no ooVoo, * entrevista no ooVoo com Martha * conversa informal com Priscila	Ago. a Out. 2008
14. Lucas Claire	*E-mails (EIP – EDP)	Ago. 2008 a Nov. 2008
15. Jonas Sarah	*E-mails (EIP)	Set. a Out. 2008
16. Clarice Brian	*E-mails (EIP)	Set. 2008
17. Gabriel Karen	* E-mails (EIP)	Set. 2008
18. Lívia Simon	* E-mails (EIP)	Set. a Out. 2008
19. Célia Justine	* E-mails (EIP)	Out. a Nov. 20008
20. Luciana Mia	*E-mails (EIP – EDP) * gravações no ooVoo, * Conversas informais * Registros MSN e ooVoo * Relatos escritos	Nov. 2008 a Jul. 2009

Concordo com Chaudron (1988) que o objetivo metodológico de uma pesquisa é a validade e que tal aspecto está relacionado à confiabilidade. A variedade de instrumentos utilizados (e-mails, gravações em áudio e vídeo, entrevistas, conversas informais, registros escritos e notas de campo) permitiu visualizar as informações de diferentes perspectivas, possibilitando a triangulação (Burns, 1999), no intuito de garantir a confiabilidade do estudo.

Assim, finalizo este capítulo que delineia a experiência telecolaborativa enfocada neste livro.

6
O QUE OS PARES
DE TELETANDEM NEGOCIAM

Introdução

Espera-se que, diante da autonomia conferida aos pares, os ajustes e remanejamentos sejam feitos quando e da forma que lhes convier. São procedimentos muito comuns nas parcerias em teletandem e despertam a atenção, pois podem influenciar o andamento e manutenção das atividades entre os aprendizes e se traduzir em sucesso ou insucesso.

Como dito anteriormente, o individual e o social são forças que vão impulsionar o processo e as ações no teletandem. Não há como decidir ou fazer opções sem pensar no outro pois se trata de um espaço para oferecer e receber, pensando-se na reciprocidade. No teletandem, os pares gerenciam o processo de forma autônoma, assim, são livres e devem ser hábeis para fazerem escolhas.

Neste contexto de flexibilidade e autonomia (Vassallo; Telles, 2009), é interessante observar as ações envolvidas na parceria, considerando-se a heterogeneidade dos aprendizes, das línguas e das culturas que permeia as parcerias. Dessa maneira, pode-se contar com a previsibilidade de encontros e desencontros e que os aprendizes terão que lidar com o gerenciamento dessas múltiplas situações.

As negociações poderão ser das mais variadas em prol do bem-
-estar mútuo e é importante ressaltar que se o canal de comunicação
em busca de acordos for preservado as chances de sucesso para a
parceria serão maiores.

Diante do exposto, retrato algumas situações que realçam os
acordos e as negociações presentes na comunicação entre os pares
de teletandem para inspirar professores de línguas estrangeiras a
utilizar e maximizar as práticas pedagógicas que envolvam as Tecnologias de Informação e Comunicação (TICs) com o intuito de
promover a aprendizagem e desenvolver a competência intercultural de forma significativa, além de instigar o exercício da autonomia
e reflexão.

É importante esclarecer que as informações referentes aos estudantes estrangeiros encontram-se em cinza e que, na legenda
dos excertos, além do nome dos pares, consta as línguas nas quais
faziam as interações. Por exemplo, "P-I", português e inglês.

"I can talk on Thursday" – Confirmação de sessão

Alguns parceiros, rotineiramente, confirmam suas sessões, pré-
-agendadas antecipadamente, como mostram os vários e-mails
trocados, em sequência, entre Julia e Tatiana:

Excerto 1 – EDP da parceria Tatiana e Julia (P-I)

1 2 3	Julia	Hi! I was wondering if Friday would be a good day for us to chat??? Let me know! Thanks!	13 Out. 2008
4 5 6	Tatiana	Hi!!!! Okay, we can meet on Friday, at 5.00 my time?? =) Bye!	14 Out. 2008

Excerto 2 – EDP da parceria Tatiana e Julia (P-I)

1 2 3 4	Tatiana	Ha ha, it's all right, Ju, I can talk on Thursday. It can be the same hour, at 1 your time, and 6 my time. Até amanhã! Bye bye!	12 Nov. 2008

Excerto 3 – EDP da parceria Tatiana e Julia (P-I)

1	Tatiana	Hi! I'm fine and you? It's good to me, on wednesday at six my time.	17 Nov. 2008
2		See you wednesday!	
3		Bye bye!	

Excerto 4 – EDP da parceria Tatiana e Julia (P-I)

| 1 | Julia | Next Wednesday at the same time? | 28 Nov. 2008 |
| 2 | | Thanks! and have a great week-end | |

A comunicação entre estas parceiras é frequente, considerando--se o fluxo de mensagens enviadas e recebidas. Tatiana e Julia estão bastante engajadas na rotina de negociação de dias e horários via e-mails pois, apesar de terem uma agenda fixa para os encontros, muitas vezes precisam alterá-la.

Assim, nota-se, nesta parceria de teletandem, o exercício da autonomia, definida por Scharle e Szabó (2000, p.4, tradução nossa) como "a liberdade e habilidade para gerenciar os próprios assuntos que envolvem o direito de tomar decisões também".

Entre as estudantes, verifica-se que o estabelecimento de uma parceria de teletandem, há, também, uma amizade (Telles, 2009). O relacionamento entre as duas é bom e esta comunicação em nada atrapalha, ao contrário, fortalece o laço entre elas.

Excerto 5 – Entrevista no ooVoo com Julia da parceria Tatiana e Julia (P-I)

1	Professora	I'd like to talk about your teletandem experience.	17 Out. 2008
2	Julia	At first I was really nervous just because I've only been taking	17 Out. 2008
3		Portuguese for a month or two. But it's been pretty good	
4		experience.	
5		It seems Tati knows more English than I know Portuguese. So it's	
6		kind of crazy.	
7		I've been feeling pretty good about it so far. Tati's really cool.	
8		She's a patient partner. I really want to learn Portuguese so I like	
9		the fact that I can talk to someone who's native, speaking.	

A prévia confirmação dos encontros por e-mail ocorre, também, com Luciana e Mia. Após o procedimento de se acordar um novo encontro, ainda há o envio de um e-mail para confirmação, como ilustram os excertos, 6, 7, 8.

Excerto 6 – Registro escrito do ooVoo da interação de 18/10/2008 de Luciana e Mia (P-I)

1	Mia	desculpe muito mas tenho que acabar nossa conversa	16:37
2	Luciana	tudo bem	16:37
3	Mia	comeco trabalhar as duas	16:37
4	Luciana	então durante a semana a gente combina o que fazer	16:37
5	Luciana	te mando e-mail	16:37
6	Luciana	tudo bem?	16:37
7	Mia	ta bom!	16:37

Excerto 7 – Registro escrito do ooVoo da interação de 29/10/2008 de Luciana e Mia (P-I)

1	Luciana	então você já tem que ir?	16:57
2	Mia	sim. desafortunadamente tenho que ir	16:58
3	Mia	preciso trabalhar agora	16:58
4	Luciana	nos falamos então por e-mail para combinarmos nossa proxima	16:58
5		conversa	16:58

Excerto 8 – Registro escrito do ooVoo da interação de 10/01/2009 de Luciana e Mia (P-I)

1	Mia	podemos falar em duas semanas no sabado como sempre?	12:37
2	Luciana	entao depois combinamos nossa proxima conversa por e-mail	12:37
3	Luciana	sim	12:37
4	Mia	perfeito	12:37
5	Luciana	ai depois você me fala o horário	12:37
6	Luciana	entao boa semana	12:37
7 8	Mia	o meu horario e sempre o mesmo...posso falar entre 11 a 1 (3 a 5 brasil)	12:38
9	Luciana	esta bem	12:38
10	Mia	mais falamos por email	12:38
11	Luciana	ai eu vejo e te mando e-mail	12:38
12	Mia	ta bom	12:38
13	Mia	ate a proxima!	12:38
14	Luciana	see you	12:39
15	Luciana	bye	12:39

No excerto 6, Luciana é quem sugere a comunicação por e-mail para confirmação do encontro: "então durante a semana a gente combina o que fazer...te mando e-mail" (linhas 4 e 5), "nos falamos então por e-mail para combinarmos nossa proxima conversa" (excerto 7, linhas 4 e 5) e "entao depois combinamos nossa proxima conversa por e-mail" (excerto 8, linha 2). No último excerto, 8, existem tentativas de Mia para se acertar o próximo encontro naquele momento, como sugere o e-mail de emparelhamento enviado pela Equipe TTB; entretanto, Luciana propõe que isso seja feito por e-mail e a parceira concorda.

Mia parece não se opor ao envio de e-mails de confirmação mas, também, não parte dela esta iniciativa e, sim, de Luciana. Isso está relacionado com o relato de Luciana acerca da pontualidade no qual ela expressa desconforto com atrasos e não comparecimento das parceiras às interações, como consta no excerto 9. Assim, este procedimento que envolve a comunicação assíncrona semanal soa um tanto preventivo da parte dela.

Excerto 9 – Relato escrito de Luciana das parcerias Luciana-Ellen (P-I) e Luciana-Mia (P-I)

1	Luciana	...tive muitos problemas com pontualidade ou melhor, com o não	Mar. 2009
2		comparecimento as sessões.	
3		Muitas vezes marcamos um certo horário e não aparecem, não deixam	
4		recados ou quando deixam, é sempre poucos minutos antes da sessão.	

Os excertos 10 a 12, são das parcerias Lucas/Claire, Luciana/Ellen e Juliana/Juliet e, também, dizem respeito à confirmação das sessões de teletandem por e-mail.

O objetivo de Lucas, no excerto 10, se encontra na linha 3: "*I would like to confirm our tandem session for tomorow.*" Solicita a confirmação e, ainda, pergunta se a parceira irá se conectar (linhas 3 e 4) e que está à espera de resposta (linha 4).

Excerto 10 – EDP da parceria Lucas e Claire (P-I)

1	Lucas	Hi Claire,	26 Out. 2008
2		How are you?	
3		I would like to confirm our tandem session for tomorow. Will you	
4		conect tomorow? I am waiting your answer.	
5		thank you very much!	
6		Good bye	
7		Lucas.	

Entendo ser necessário abordar um pouco da trajetória desta parceria Lucas e Claire. Pelas informações obtidas, percebem-se alguns percalços que não possibilitaram rápidos acordos e, consequente, agilidade para agendamento das interações em teletandem. Dentre eles: (a) as demoras nas respostas de Claire e (b) a ansiedade de Lucas pelo recebimento delas, (c) a leitura desfocada de Claire dos e-mails enviados por Lucas, gerando atrasos (os horários sugeridos por Claire eram os mesmos declarados inadequados por Lucas), (d) o fato de Claire não possuir os aplicativos de mensagens instantâneas sugeridos pela Equipe TTB, (e) o não comparecimento de Claire à uma sessão previamente agendada, com a alegação de esquecimento, (f) o cancelamento de uma sessão por Claire por motivos de doença e, por fim, (g) a sugestão de reposição para compensação de sessões que não ocorreram. Depois de todos esses acontecimentos é que Lucas escreve o e-mail do excerto 10, solicitando confirmação da parceira no comparecimento à sessão de interação.

Outras parcerias também desfrutam do habitual procedimento de confirmação de interações por e-mail, como mostram os excertos 11 e 12 de Luciana/Ellen e Juliana/Juliet.

Excerto 11 – EDP da parceria Luciana e Ellen (P-I)

| 1 | Ellen | Yes! Let's do it Saturday 10am Chicago time. Good? | 14 Jan. 2009 |
| 2 | | Ellen | |

Excerto 12 – EDP da parceria Juliana e Juliet (P-I)

1	Juliana	hey, Jullie! Tudo bem? tudo ótimo por aqui :D	19 Nov. 2007
2		tomorrow is good for me, just let me know about the time... :D	
3		ttyl,	

Este procedimento parece auxiliar na manutenção de muitas parcerias, no sentido de criar confiança e buscar credibilidade e reciprocidade. A comunicação, por e-mail, entre uma interação e outra, é vista com importância para muitos aprendizes. Em algumas vezes, nem mesmo há alterações na agenda previamente acordada pelos pares, mas o contato ocorre da mesma forma, o que acaba por reafirmar o compromisso assumido e negociado para o teletandem.

"Nossos horários não são fixos" – Reagendamento de sessão

Algumas parcerias negociam o (re) agendamento das sessões de interação em teletandem semana a semana e este é um procedimento comum, inerente às parcerias e ao contexto (Vassallo; Telles, 2006), considerando-se a autonomia (Scharle; Szabó, 2000) que os pares têm para tomar decisões quando julgarem necessárias. Taís reconhece isso em seu relato:

Excerto 13 – Relato escrito de Taís da parceria Taís e Steve (P-I)

1	Taís	Nossos horários não são fixos toda semana, mas temos a liberdade de	05 Nov. 2007
2		desmarcar e marcar sessões quando podemos. Combinamos isso antes.	

Os reagendamentos, quando necessários, e a comunicação por e-mail, também, constam na parceria de Luciana e Mia:

Excerto 14 – Relato escrito de Mia da parceria Luciana e Mia (P-I)

1	Mia	Lu and I would determine when would be the next best time for us to	28 Jan. 2009
2		talk. We had a usual time and date set and tried to stick to it, but if	
3		something came up for either of us we would figure out the next best	
4		date. Lu would usually follow up via email to confirm we would still	
5		be having our session.	

No caso de Tatiana e Julia, como comentado anteriormente, a comunicação entre as parceiras, por e-mail, era bastante frequente. Em seu relato escrito, Tatiana discorre acerca dos benefícios desta comunicação e dos reagendamentos de interações, como ilustra o excerto 15.

Excerto 15 – Relato escrito de Tatiana da parceria Tatiana e Julia (P-I)

1	Tatiana	A comunicação por e-mail, com certeza, ajudava a parceria, porque se,	30 Abr. 2009
2		por exemplo, ela simplesmente não aparecesse, com certeza iríamos	
3		acabar perdendo o contato. Algumas vezes ela não aparecia e eu	
4		costumava dizer: qdo nao puder, me avisa antes, me manda um email.	
5		É uma forma de consideração com o parceiro, de não deixá-lo	
6		esperando à toa. Apesar de não gostar muito quando ela remarcava	
7		duas sessões seguidas, por exemplo, eu ficava satisfeita que ela me	
8		avisasse, pq, como eu disse, mostra consideração, respeito com o	
9		outro e acaba, de uma maneira ou de outra, estreitando os laços. Tinha	
10		o lado ruim da inconstância, é claro, às vezes eu realmente queria	
11		contar algo pra ela naquele dia e era decepcionante ler os emails. Sem	
12		contar que antes, eu não tinha internet em ksa, então às vezes eu não	
13		conseguia ler os emails a tempo, então só via no laboratório. Aí	
14		prejudicava um pouco, dava uma sensação de pouco caso da	
15		parte dela. Mas dpois solucionamos o problema, eu esqueci de dizer	
16		antes; ela passou a remarcar as sessões pelo celular. Aliás, nos últimos	
17		tempos, ela me mandava msgs só no celular pq sabia q eu iria ler e nao	
18		ia correr o risco de ir ao laboratório por nada. Só dpois q eu colokei	
19		internet, passamos a nos comunicar só por email para	
20		reagendamento. Sem dúvida essa comunicação ajuda a manter a	
21		parceria, já que, se a pessoa se preocupa em avisar e sugerir outro dia,	
22		é sinal de que está de fato interessado na interação, embora	
23		reagendamento constantes possam ser um pouco frustrantes.	

Tatiana acredita que o aviso da impossibilidade de comparecer à sessão demonstra consideração e respeito (linhas 3 a 9) para com o outro e afirma que, apesar de não gostar de reagendamentos devido à inconstância da prática de teletandem, este aviso a poupava de ir ao laboratório sem razão. Afirma, também, que por utilizar somente o computador do laboratório, por não possuir acesso em casa, muitas vezes, não recebia a notícia do cancelamento da sessão a tempo (linhas 12 e 13), situação que foi modificada quando a parceira começou a enviar as mensagens pelo celular (linhas 16 e 17) e quando instalou a internet em casa (linhas 18 e 19).

Os motivos para o reagendamento dos encontros por e-mail envolvem diversos fatores, como apresento a seguir.

"My computer has died" – Problema tecnológico

É importante observar que o aparato tecnológico e as conexões à internet geram desapontamentos quando não funcionam da maneira como esperada, principalmente diante de um encontro previamente agendado para práticas telecolaborativas.

Retrato, agora, algumas parcerias que passaram pelo reagendamento de interações movidas por dificuldades tecnológicas.

Na parceria seguinte (excerto 16), por uma mudança de computadores, Luciana pediu à Mia que fizessem a sessão pelo MSN e não Skype ou ooVoo como de praxe. Mia teve problemas ao fazer o *download* do MSN em seu computador e, no meio de suas tentativas, ia se comunicando com Luciana por e-mail que estava *on-line* para o início da sessão.

Excerto 16 – EDP da parceria Luciana e Mia (P-I)

1	Mia	Voce tem Skype? Estou intentando de descarregar MSN	15 Nov 2008
2 3	Luciana	Infelizmente so tenho msn e o computador nao e meu entao nao posso baixa-lo desculpe	15 Nov 2008
4	Mia	Estou intentando de baixar MSN. Espere um momentinho.	15 Nov 2008
5	Mia	Voce esta ali?	15 Nov 2008
6	Luciana	sim	15 Nov 2008
7	Mia	No MSN?	15 Nov 2008
8	Luciana	sim, meu login é ...@hotmail.com	15 Nov 2008
9 10	Mia	Sim. Tenho o seu screen name mas nao posso falar com voce...nao sei por que. Estou frustrada.	15 Nov 2008
11	Luciana	qual é o seu,,, calma	15 Nov 2008
12 13	Mia	.... O meu computador nao me permite instalar um "plug in" e nao posso falar com você	15 Nov 2008
14 15	Luciana	oh i can't believe...sorry,,,,,,não temos culpa,,, que pena,,,queria tanto falar com você	15 Nov 2008
16 17 18 19 20	Mia	Eu tambem! E uma pena porque me esqueci que nao tinha Internet em casa. Estou em Starbucks intendando de falar com voce. Eu tambem nao tenho uma camara porque a minha mae ainda nao esta em casa e nao posso usar o seu computador. Este dia e amaldicoado! Que podemos fazer?	15 Nov 2008
21	Luciana	owuuuuuu,,, i don't have idea,,,,,, do you have?	15 Nov 2008
22 23	Mia	Voce pode falar outro dia? Esta na universidade no proximo fim de semana?	15 Nov 2008

As tentativas de Mia não foram bem sucedidas e as parceiras não puderam fazer teletandem naquele dia. A decepção de Mia diante das dificuldades tecnológicas e da não interação com Luciana fica bem marcada em trechos de seus e-mails: "Estou frustrada." (linha 10), "Este dia e amaldicoado!" (linha 19). Fica evidente que, diante da frustração de Mia, esta parceria vivencia o prazer na interação intercultural em tandem, aspecto comentado por Vassallo e Telles (2009), além do "desejo" de interagirem, neste caso, impossibilitado pelos problemas técnicos.

No excerto 17, Hugo desculpa-se pelo não comparecimento à sessão de teletandem previamente agendada com Pedro justificando várias tentativas de conexão à internet sem sucesso: "*Debo pedirte disculpas por la ausencia, lo que sucedió fue que no podía conectarme a internet, intentaba e intentaba pero no podia...*" (linhas 1 e 2).

Excerto 17 – EDP da parceria Pedro e Hugo (P-E)

1	Hugo	Debo pedirte disculpas por la ausencia, lo que sucedió fue que no	02 Set. 2007
2		podía conectarme a internet, intentaba e intentaba pero no podía hasta	
3		que me comuniqué telefonicamente con el proveedor de la banda	
4		ancha y estuvimos mucho tiempo intentando solucionar el problema.	
5		CUando logramos hacerlo y me conecté al msn, ya no estabas.	
6		Espero puedas entender el imprevisto y no se te vayan las ganas de	
7		seguir aprendiendo cnmigo porque para mí es un placer estar con	
8		contacto con vos.	
9		Un abrazo.	
10		Hugo	
11	Pedro	Holla Hugo! Como te vas?	02 Set. 2007
12		Sinto mucho por lo ocurrido, yo quedei conectado hasta las 6:00 de la	
13		tarde te esperando, estos imprevistos ocurrem. Piense en un día para	
14		hacermos nuestros encuentros. Yo estoy disponible todos los días por la	
15		noche y por la tarde. Estoy con muchas ganas para volvirmos nuestros	
16		encuentros. Pode marcar las fechas que yo estaré presente.	
17		Un abrazo gran! De tu amigo [...] Pedro.	

O brasileiro Pedro mostra-se compreensivo ao imprevisto do parceiro no que concerne ao mau funcionamento da tecnologia. Considerando-se a sinceridade de Hugo: "*Espero puedas entender el imprevisto no se te vayan las ganas de seguir aprendiendo cnmigo porque para mí es un placer estar con contacto con vos.*" (linhas 6 a 8),

Pedro demonstra reciprocidade: *"Estoy con muchas ganas para volvirmos nuestros encuentros."* (linhas 15 e 16) e abertura para negociar nova data para as interações (linhas 13 a 15).

No excerto 18, Luciana e Ellen enfrentam problema com conexão no ooVoo e a possibilidade da interação somente na modalidade escrita da língua. Ellen diz possuir uma *webcam,* mas sinaliza problemas com o aplicativo (linhas 5 a 7), pede, então, à Luciana que decida se prefere conversar ou escrever. Luciana faz opção pela fala e acordam que se o funcionamento não for adequado, passariam, assim à digitação.

Excerto 18 – Registro escrito do ooVoo da interação de 23/10/2008 de Luciana e Ellen (P-I)

1	Luciana	Hello	13:19
2	Ellen	Hello!	13:19
3	Luciana	Do you have camera	13:19
4	Luciana	or not?	13:19
5	Ellen	yes!	13:19
6	Ellen	My ooVoo was not opening	13:19
7	Ellen	it was weird	13:19
8	Luciana	ok	13:19
9	Luciana	so we will only writing, or not?	13:20
10	Ellen	it's up to you	13:20
11	Luciana	sorry i didin't understand	13:20
12	Luciana	rsrsrsr	13:20
13	Ellen	what would you prefer?	13:21
14	Luciana	but it's possible to talk?	13:21
15	Ellen	yes	13:21
16	Luciana	ok	13:21
17	Ellen	hopefully	13:21
18	Ellen	we should try, and if it's not working well we'll switch to typing	13:21
19	Luciana	ok	13:22

Lívia e Emma se deparam com problemas com a *webcam* ao interagirem pelo Skype como aponta o excerto 19. Após a sessão, Emma envia uma mensagem à parceira e diz não saber o motivo do não funcionamento de sua câmera (linha 3). Diz que vai comprar um novo computador e nova câmera "para que tudo funcione bem!!" (linha 5).

Existe muita responsabilidade nesta parceria e é perceptível o cuidado que Emma e Lívia demonstram uma para com a outra. Emma justifica-se: "So quero explicar tudo isso para que voce nao fique chateada! :) Que pena que nao está funcionando tao facilmente!" (linhas 9 e 10) e Lívia responde: "Ah, imagina...não tem problema nenhum! A minha camera também não estava funcionando direito. Meu computador está muito lento!" (linhas 18 e 19) e "Mas fique tranquila, já estou adorando trocar e-mails com você e estou aprendendo muito. Espero que você esteja gostando também." (linhas 25 a 27).

Excerto 19 – EDP da parceria Lívia e Emma (P -A)

1	Emma	Oi Lí,	29 Nov. 2006
2		desculpa que nao funcionou hoje.	
3		A minha camera nao funciona com o skype e nao sei pq. [...]	
4		No natal vou ter um novo laptop, e vou comprar uma nova camera	
5		para que tudo funcione bem!! A verdade, deveriamos usar os	
6		computadores da faculdade, só que no momento tem construcoes aqui	
7		em algumas salas, e quase nao podemos usar essas salas, pq sempre	
8		tem os professores lá dentro. [...]	
9		So quero explicar tudo isso para que voce nao fique chateada! :) Que	
10		pena que nao está funcionando tao facilmente!	
11		Podemos fazer assim nas próximas vezes. Podemos tentar os primeiro	
12		15 minutos se conseguimos ligar a camera ou pelo menos o headset	
13		(micro), e depois – se nao funcionar – vamos continuar no chat. Nao é	
14		o melhor, mas melhor do que nada, nao é? Só com escrita tb dá pra	
15		aprender alguma coisa. Nao acha? :)	
16		[...]	
17	Lívia	Oi Emma!	29 Nov. 2006
18		Ah, imagina...não tem problema nenhum! A minha camera também	
19		não estava funcionando direito. Meu computador está muito lento!	
20		[...] Então semana que vem podemos fazer o que você disse mesmo,	
21		testar a camera nos primeiros 15 minutos e se não der certo ficar com	
22		o microfone e chat mesmo. Com certeza conseguimos aprender muita	
23		coisa escrevendo também.	
24		Quero pedir um computador novo de Natal para o meu pai! Seria	
25		ótimo! Acho que a camera funcionaria melhor também. Mas fique	
26		tranquila, já estou adorando trocar e-mails com você e estou	
27		aprendendo muito. Espero que você esteja gostando também. [...]	

Nos e-mails trocados por Emma e Lívia (excerto 19), além da justificativa e decepção com o problema da *webcam*, existe a negociação. Emma faz uma sugestão: "Podemos fazer assim nas próximas vezes. Podemos tentar os primeiro 15 minutos se conseguimos ligar a câmera ou pelo menos o headseat (micro), e depois – se não funcionar – vamos continuar no chat. Nao é o melhor, mas melhor do que nada, nao é? Só com escrita tb dá pra aprender alguma coisa. Nao acha? :)" (linhas 11 a 15). Lívia se mostra receptiva (linhas 20 a 23) e concorda.

A parceria Lívia-Emma (como em Luciana e Mia – excerto 16) evidencia o "desejo" de comunicação e de fazer teletandem. Este sentimento se confirma pelas tentativas e pelos comentários das parceiras nos quais se percebe a vontade mútua de interagirem interculturalmente.

No excerto seguinte, 20, Juliet comunica à parceira Juliana seus problemas de conexão à internet e a impossibilidade de interação (linhas 2 a 4). A estadunidense tenta negociar nova data (linhas 4 e 5) e desculpa-se pelo fato. Juliana aponta sua disponibilidade e pede que Juliet se manifeste em relação à melhor data para poderem interagir.

Excerto 20 – EDP da parceria Juliana e Juliet (P-I)

1	Juliet	Hey Ju!	02 Nov. 2007
2		I am having connection problems again! It works and then it doest. I	
3		called the internet company and they wont have anyone till later! Im	
4		sorry I cant make it to this session so can we do it some other day?	
5		Like monday? or the weekend? Im soo sorry!	
6		ttyl, ju	
7	Juliana	Hey, Ju! Well, there's no problem for me, we can do that another	02 Nov. 2007
8		day... [...]	
9		However, Monday sounds good for me... I just don't remember the	
10		time you can do that on Monday, please let me know... if I'm not	
11		mistaken, it's from 11am to 1pm for you, isn't it? So it's around 4pm	
12		for me. No problem at all, I'll be free on Monday.	
13		[...] So please let me know about the best time for you on Monday=)	
14		Have a wonderful weekend!	
15		ttyl,	

Três dias depois é Juliana tem problemas com seu computador. Sinaliza seu constrangimento (possivelmente por não ter comparecido à sessão) e se desculpa várias vezes. Pede que Juliet a informe de uma data para a realização do teletandem.

Excerto 21 – EDP da parceria Juliana e Juliet (P-I)

1	Juliana	Hey, Jullie... once more I'm so ashamed... =/	05 Nov. 2007
2		my computer has died... I had to take it to a technic and it's gonna be	
3		ready only tomorrow afternoon and till then I won't be able to	
4		practise... =/	
5		I'm soooo sorry...please, let me know when it's fine for you if you	
6		prefer before Friday... I'm really sorry...	
7		they have to "formatar" my computer... scan with the anti virus and	
8		reinstall all the programs again... =/	
9		so sorry, Ju.	
10		ttyl	
11	Juliet	Hey Ju!	05 Nov. 2007
12		How are you? Hope you are doing ok! I totally understand why you	
13		couldnt come. Its ok, it happens, trust me! Computers are a pain!!! Well	
14		Ill email you later on in the week with good times! :)	
15		ttyl Ju!	

A resposta compreensiva de Juliet vem no mesmo dia. A parceira diz entender o motivo da ausência e considera que se trata de um fato normal. Diz, ainda, que irá contatá-la durante a semana (linha 14).

Verifica-se, nos excertos 20 e 21, a reciprocidade nas ações e sentimentos de Juliana e Juliet o que se constitui um fator de peso e sucesso, se praticado, no teletandem. As necessidades são analisadas (Lewis; Walker, 2003) e, a partir daí, os processos de negociação para reagendamento de nova interação desencadeados.

Retomando as relações teóricas apresentadas na figura 6, confirmo que os processos de negociação estão diretamente relacionados à reciprocidade (e vice-versa) que contribuem, também, para o exercício da autonomia. A reflexão que se configura como uma outra vertente do estudo, deveria ocorrer, considerando-se a figura do mediador. Concebo este termo em consonância com Salomão (2008), sob o viés teórico do socioconstrutivismo vygotskiano, diferindo de professor, orientador ou conselheiro (Brammerts, 2003, 2008). Destaco que a negociação é feita pelos pares e a mediação por uma pessoa mais experiente, conhecedora do teletandem, das bases teóricas e questões técnicas do contexto, na zona de desenvolvimento proximal (Vygotsky, 1978).

Em relação ao professor, no teletandem, Telles (2009c, p.70) afirma: "[...] temos o papel do professor que se intercambia de um parceiro para o outro...". No caso do professor-mediador, reconhece que "[...] este tem o papel de mediar a aprendizagem dos pares, orientando-os em suas escolhas e usando seus conhecimentos teóricos e profissionais acerca do ensino/aprendizagem de LE para gerenciar as dificuldades encontradas pelos alunos no teletandem" (ibidem, p.70). O mediador pode auxiliar os parceiros, também, nos processos de negociação, o que permite que a reflexão seja fomentada. Entretanto, isso não ocorreu de forma consistente no local onde as informações foram obtidas mas sim informal e esporádica, diferentemente dos estudos desenvolvidos por Salomão (2008), Mesquita (2008), Silva (2008), Mendes (2009), Cavalari (2009). Eu, enquanto professora, por algumas vezes, assumia a mediação mas isso não ocorria de forma adequada e regular.

No caso de Juliana e Juliet, elas aprendem, analisam as necessidades da parceira, estabelecem metas, monitoram o progresso, gerenciam o tempo e trabalham em parceria, ações que, segundo Lewis e Walker (2003), caracterizam uma postura autônoma.

Dessa maneira, as relações multilaterais que abrangem negociações, autonomia, reciprocidade e, algumas poucas vezes, reflexão vão se confirmando nas interações entre os pares de teletandem.

A parceria Taís e Steve, também, enfrentou problemas relacionados à tecnologia, como ilustra o trecho seguinte. Steve diz que está gostando muito da experiência em teletandem, mas que não gosta dos problemas técnicos:

Excerto 22 – Entrevista informal no ooVoo com Taís e Steve (P-I)

1	Steve	Oh, I like. I'm loving, I'm really enjoying. The only time that I don't	02 Abr. 2008
2		like it is when there are technical problems which we have a few	
3		recently and every once in a while we'll have them, but I really do	
4		enjoy it when it works well.	

No excerto 23, o relato de Lúcia, também, expressa descontentamento em relação a um vírus enviado pelo computador da parceira.

Excerto 23 – Relato escrito de Lúcia da parceria Lúcia e Sophie (P -F)

1	Lúcia	Tive problemas com meu computador que me aborreceram muito.	05 Nov. 2007
2		Certo dia, o MSN de minha parceira meio que começou a conversar	
3		comigo e me enviou um arquivo com uma foto. Parecia mesmo ser ela	
4		digitando para mim. Abri a foto e era um vírus. Meu computador foi	
5		infectado e me deu um trabalhão para consertá-lo para que	
6		pudéssemos nos encontrar de novo.	

No excerto 24, Luciana e Mia parecem desapontadas com um problema no áudio em uma interação pelo ooVoo. Mia comenta: *"that's a shame.i wanted to talk to u!"* (linha 3), o que evidencia, novamente, o desejo de comunicação com a parceira já registrado no excerto 15. Assim, negociam e optam por somente escrever neste encontro.

Excerto 24 – Registro escrito do ooVoo da interação de 18/10/2008 de Luciana e Mia (P-I)

1	Mia	why can't we hear each other?	15:17
2	Luciana	i don't know	15:17
3	Mia	that's a shame. i wanted to talk to u!	15:17
4	Luciana	but i can't hear you very well	15:17
5	Luciana	ok	15:17
6	Mia	i can't hear u either	15:18
7	Mia	it's not clear	15:18
8	Luciana	rsrsrsr	15:18
9	Luciana	so i think that we will only to write	15:18
10	Luciana	ok?	15:18
11	Mia	that's fine	15:18

O teletandem, ao integrar a prática oral e escrita, além dos recursos visuais, proporciona, de fato, um encontro entre seus praticantes (Telles; Vassallo, 2009), além de um intercâmbio intercultural (O'Dowd; Ritter, 2006). Assim, os já acostumados com esta prática telecolaborativa, se decepcionam diante de situações não planejadas e cujas soluções, muitas vezes, lhes fogem do alcance, como os entraves tecnológicos, por exemplo. Todavia, cada vez mais de forma autônoma, os pares se inserem nos processos de negociação para gerenciar e se responsabilizar pelo processo de aprendizagem (Brammerts, 2003), envolvendo-se em ações como agendar nova sessão ou contornar os problemas com medidas provisórias.

"Je suis très malade" – Problemas de saúde

Alguns pares de teletandem necessitam fazer o reagendamento de suas sessões por se encontrarem, temporariamente incapacitados, devido a problemas de saúde.

O excerto 25 traz uma mensagem de Lúcia à parceira Sophie. A brasileira diz que não está bem (linha 8), desculpa-se pelo cancelamento da sessão (linhas 2, 3, 8 e 9) por estar doente (linha 4) e afirma que precisa repousar (linhas 4 e 5). Tenta negociar novo encontro para o dia seguinte (linhas 6 e 10).

Excerto 25 – EDP da parceria Lúcia e Sophie (P -F)

1	Lúcia	Querida Sophie!!!!	08 Nov. 2007
2		Pardon!!!!!!!!!!!!!!!!!!!!!!!!	
3		Excusez-moi!!!!!!!!!!!!!!!!!!!!	
4		Je suis très malade aujourd'hui. Je pense je suis gripé. J'ai besoin de	
5		me coucher.	
6		Pouvon nous faire notre teletandem demain. 2(toi) and 3(moi)?	
7		Pardon!!!!!!!!!!!!!!!!!!!!!!!!	
8		J'aime toi!!!!!!! Je ne suis pas bièn. Pout toi me comprendre? (milhões	
9		de desculpas, mesmo!!)	
10		(Podemos nos encontrar amanhã no mesmo horário?)	

Lúcia é bastante expressiva em seu e-mail no que diz respeito às marcas tipográficas. Utiliza um grande número de pontos de exclamação, sugerindo que, realmente, sente pelo cancelamento da sessão e que não se encontra em boas condições físicas.

Um outro exemplo é o de Juliana que, também impossibilitada de interagir com a parceira, envia-lhe um e-mail comunicando seu mal-estar, diz que está sem voz e não se sentindo bem (linhas 1 e 2). Afirma que enviará uma nova mensagem posteriormente, como mostra o excerto 26.

Excerto 26 – EDP da parceria Juliana e Juliet (P-I)

1	Juliana	hey, Jullie... I'm so sorry, but I wont be able to practise today, I'm	14 Mar. 2008
2		completely voiceless and Im not feeling well...	
3		so sorry... I'm gonna write another email later... sorry!	
4		ttyl,	

Posteriormente, Juliana envia outra mensagem, desculpando-se novamente e comentando seu estado de saúde, agora melhor:

Excerto 27 – EDP da parceria Juliana e Juliet (P-I)

1	Juliana	I'm so sorry about the Friday before the holiday, I really wasnt able to	24 Mar. 2008
2		practise, I was almost dying, I got some virus which damaged my	
3		throat and my stomach, I had to take two injections and lots of	
4		medicines... it was trash! =(BUT now I'm def. cured! :D	
5		Thank God! well, I'm gonna write another email by Wed or	
6		Thursday...	
7		see you, little Jullie!	
8		take care!	

Nas próximas mensagens (excertos 28 e 29), Tatiana e Julia, negociam nova data para a interação em teletandem por parte da brasileira que não está fisicamente bem. O comunicado do cancelamento da sessão não ocorreu com antecedência porque Tatiana disse estar doente a semana toda e que esperava estar melhor no dia do encontro virtual, todavia, isso não ocorreu.

Excerto 28 – EDP da parceria Tatiana e Julia (P-I)

1	Tatiana	Hi, sorry, but I won't can meet today. I've been sick this week, and I	17 Out. 2008
2		thought that I'd be better today, but I'm not. Can we meet the next	
3		week, on Tuesday, at 5.00 my time? If not, tell me when you can.	
4		Apologize again!	
5		Bye bye!	
6	Julia	Hey Tati! I hope your feeling better! Can we meet on Thursday? I	19 Out. 2008
7		don't work on Thursday. So we can meet at 5:00 your time.	
8		Tchao,	
9		Julia	
10	Tatiana	Hey, Ju! Yeah, I'm feeling better now, thanks. We can meet on	20 Out. 2008
11		Thursday, at 2.00 your time. So, see you on Thursday!!!	
12		Tchau!!!!	

Por fim, a negociação acerca de nova sessão ocorre e é agendada (linhas 11 e 12), com euforia de Tatiana que diz já se sentir melhor (linha 10).

O mesmo ocorre, agora com Julia. Depois de cancelar a interação, busca acordos com Tatiana para nova sessão (linhas 3 e 4):

Excerto 29 – EDP da parceria Tatiana e Julia (P-I)

1	Julia	Hey Tati, I'm so sorry that I won't be able to make it today, I don't	17 Dez. 2008
2		feel good at all. I have a very bad cold.	
3		I'm so so sorry, Can we meet the first Wed of January, I won't be able	
4		to talk for the next two weeks. Let me know.	
5		Thanks! Happy Holiday :)	

"I forgot about the session" – Esquecimento

Não se trata de um motivo muito recorrente nas parcerias, todavia, observei duas situações nas quais o teletandem foi reagendado por conta de parceiros terem se esquecido do encontro marcado. Claire afirma: *"Sorry, I forgot about the session two weeks ago"* (excerto 30, linha 2) e da mesma forma Jake: *"we had thursday and friday off from school and teletandem totally slipped my mind."* (excerto 31, linhas 2 e 3).

Excerto 30 – EDP da parceria Lucas e Claire (P-I)

1	Claire	Hey Lucas,	14 Out. 2008
2		Sorry, I forgot about the session two weeks ago, and last week my	
3		school had a vacation and I went to my home in ……. Can we do a	
4		session tomorrow at 3:30 PM (USA) 5:30 PM (Brasil)? I would like to	
5		have a session on Friday at 9:00 AM (USA) 11:00 (Brasil), also. Let	
6		me know if that will work.	
7		Thanks,	
8		Claire	

Excerto 31 – EDP da parceria Juliana e Jake (P-I)

1	Jake	hey Ju,	24 Out. 2008
2		sorry about last week. we had thursday and friday off from school and	
3		teletandem totally slipped my mind. my schedule has opened up a bit	
4		more and so I can do teletandem other times during the week. From	
5		15:00 and later every day I can talk. [...]	

É importante lembrar que o teletandem é, acima de tudo, um sério compromisso assumido pelas pessoas que desejam ter uma experiência intercultural, uma interação autêntica permeada por um foco pedagógico, como aponta O'Rourke (2005), e que desejam compartilhar objetivos de aprendizagem de Línguas Estrangeiras (LEs). Não se trata de um bate-papo ocasional com estrangeiros que se despedem com o desligar do aplicativo e não mais se encontram (Vassallo; Telles, 2009).

A responsabilidade é primordial em uma parceria de teletandem na qual estão envolvidos conceitos como reciprocidade (Brammerts, 2003). Dessa forma, o outro é, também, peça fundamental, devendo ser tratado com igual respeito.

No que concerne ao esquecimento, como mostram os excertos 30 e 31, deve haver compreensão e flexibilidade na parceria. Destaco a sinceridade nas mensagens ao justificar o não comparecimento à sessão porque realmente se esqueceram. É necessário, contudo, que os esquecimentos não sejam frequentes para não prejudicar o par e o processo.

"There is a family emergency" – Imprevisto ou outro compromisso

Ao se deparar com emergências que ocorrem no dia ou no horário da sessão de teletandem, agendada com antecedência, os parceiros, na maioria das vezes, ficam constrangidos pelo transtorno causado ao parceiro. Todavia, imprevistos ocorrem e devem ser tolerados e os pares, de forma natural, precisam aprender a lidar com tais situações. Isso acontece com Juliet e Juliana. Em seu e-mail, a estadunidense pede desculpas (linhas 2 e 4) e cancela sua interação por conta de uma emergência familiar (linha 3).

Excerto 32 – EDP da parceria Juliana e Juliet (P-I)

1	Juliet	Hey Ju!	30 Nov. 2007
2		I am so sorry I wont be able to do the tandem today either :(There is a	
3		family emergency, again I am so sorry. I will let you know what	
4		happened in a few days... So sorry! ttyl, ju	
5	Juliana	Hey, Ju...	30 Nov. 2007
6		dont worry about the tandem, but... is it serious? please, let me know	
7		later I'm worried now... :(	
8		I hope everything gets fine for you and your family...	
9		ttyl	

A brasileira, por sua vez, é compassiva com a situação de Juliet e pede que ela não se preocupe com o tandem.

Outros compromissos assumidos pelos pares, muitas vezes, geram conflitos de horários com as sessões de teletandem previamente agendadas. Assim, espera-se que se comuniquem, com antecedência, para que possam se organizar e negociar um outro horário para a prática, o que ocorre na maioria das vezes.

Nos excertos abaixo de Taís/Steve, Juliana/Juliet e Tatiana/Julia encontram-se aulas (excerto 33, linhas 1 e 2) e trabalho (excerto 34, linha 3 e excerto 35, linhas 1 e 2) como motivos para o reagendamento da interação.

Excerto 33 – EDP da parceria Taís e Steve (P-I)

1	Taís	Hi Steve. I could talk before 5:30 :(Because my class	18 Set. 2007
2		starts 6:00 na quinta. Pode ser mais cedo?	
3	Steve	Taís,	19 Set. 2007
4		Não posso falar amanha mas cedo... :(Sinto... Na sexta posso falar	
5		depois da 1 (3 de você). Pode você falar na sexta?	

Excerto 34 – EDP da parceria Juliana e Juliet (P-I)

1	Juliet	Hey Ju!	20 Nov. 2007
2		Tudo bem? Hope you are doing good...	
3		I have some bad news, I have to work tomorrow... so I wont be able to	
4		the the tandem.... Im sorry, its just that I havent worked as much as I	
5		should have, since Ive been sick... [...] ttyl, Ju	
6		P.S. Again, Im still so sorry!	

Excerto 35 – EDP da parceria Tatiana e Julia (P-I)

1	Julia	Hi Tatiana, I know this is short notice but I work a bit earlier today	30 Set. 2008
2		and I won't be able to chat with you	
3		today. I was wondering if we could on Thursday? Once again I	
4		apologize!	
5		thank you!	
6	Tatiana	Hi, Julia, it's okay, I understand. We can talk on Thursday, at 5.00 my	30 Set. 2008
7		time, all right? So, see you on Thursday. Bye, bye!!! =)	

No caso de Tatiana e Julia, o aviso do cancelamento da parceria se deu em cima da hora, mas seguido do pedido de desculpas da estrangeira: *"Once again I apologize!"* (linhas 3 e 4) e com a compreensão da brasileira: *"...it's okay, I understand."* (linha 6).

Nos excertos nos quais há uma solicitação de cancelamento de interação em teletandem por motivos de aulas e trabalho há, também, uma abertura para a negociação de uma sessão de reposição. Isso acontece com Taís e seu parceiro Steve (excerto 33) e com Julia e sua parceira Tatiana (excerto 35). Somente Juliet não faz comentários sobre uma nova sessão.

"Estou de férias" – Férias ou feriados

Considerando-se a não equivalência de semestres letivos em relação ao Brasil e demais continentes, é importante que, antes das férias haja um acordo entre os aprendizes acerca dos procedimentos para manutenção da parceria.

Juliet, no excerto 36, desmarca uma sessão de teletandem por causa da Páscoa. A estudante diz que terá três dias de recesso e que vai ficar com sua família mas quer retomar as atividades com sua parceira na semana seguinte.

Excerto 36 – EDP da parceria Juliana e Juliet (P-I)

1	Juliet	Hey Ju	20 Mar. 2008
2		Im sorry I wont be able to attend our session tomorrow :(. Its Spring	
3		Break here, for 3 more days! And I am going to be with my family.	
4		Happy Easter! And we should def start the sessions next week!	
5		tchau!	

O excerto 37 ilustra a não interrupção do teletandem mesmo estando a parceira brasileira Luciana em férias (linha 4). Possivelmente, o acordo firmado entre as alunas foi para prosseguir com a prática e, neste registro, nota-se, mais uma vez, a preferência de Luciana em agendar a próxima interação por e-mail e não no final da conversa pelo ooVoo.

Excerto 37 – Registro escrito do ooVoo da interação de 13/10/2008 de Luciana e Mia (P-I)

1	Luciana	e ai marcamos outra conversa por e-mail	1:23
2	Luciana	tudo bem	1:23
3	Mia	exatamente	1:23
4	Luciana	estou de ferias	1:23
5	Mia	perfeito	1:23
6	Luciana	quando quiser	1:23
7	Luciana	é só me mandar e-mail	1:23
8	Mia	sempre durante os fins de semana	1:23
9	Luciana	sim	1:23
10	Mia	ta bom	1:23

Uma questão que preocupa os alunos neste período de férias é o local onde irão dar continuidade ao seu processo de aprendizagem em teletandem. Os brasileiros, em sua maioria, fazem as sessões nos Laboratórios de Teletandem da Unesp, *campus* de Assis e São José do Rio Preto. Nas férias, a universidade entra em recesso e, os laboratórios são fechados. Os pares que optam pela continuidade, mesmo em período não letivo, ficam desalojados para as interações, em termos tecnológicos. Grande parte desses alunos não possuem um computador bem equipado em casa e, quando recorrem à *lan houses* ou *cyber cafés,* também não encontram uma estrutura tecnológica eficiente e apropriada ao teletandem.

No relato de Tatiana consta essa dificuldade que concerne à infraestrutura tecnológica para a prática de teletandem nas férias:

Excerto 38 – Relato escrito de Tatiana da parceria Tatiana e Julia (P – I)

1	Tatiana	[...] a última vez que gravei uma interação acho que foi na segunda	20 Jan. 2009
2		semana de dezembro [...] Depois só voltamos a conversar em janeiro.	
3		O único problema é que estamos conversando apenas por escrito, não	
4		consegui encontrar uma lan house bem equipada. Mas ainda estou	
5		procurando. [...]	

No excerto 39, notam-se os acordos que Tatiana estabeleceu com Julia para o período de férias.

Excerto 39 – EDP da parceria Tatiana e Julia (P-I)

1	Tatiana	Hey, Ju, it's okay, I understand. It's better we meet in January, next	17 Dez. 2008
2		week I'm gonna travel, so I also won't be able to talk too. So, see you	
3		the first Wednesday of January, at the same time.[...]	

Da parceria Juliana/Juliet, a conversa informal com Juliana, no excerto 40, revela, à professora, seus sentimentos em relação à parceria e as negociações entre ela e a parceira, preparando-se para o período de férias.

Excerto 40 – Conversa informal em áudio com Juliana, da parceria Juliana e Juliet (P-I)

1	Juliana	[...] e o que eu achei mais legal que, assim, que eu vi no ano passado que ela ia querer fazer nas férias e vai me trocar, vai me abandonar, porque eu não tinha como fazer e eu conversei com ela assim. Aí eu falei 'Ju, você está livre pra você escolher, tem muita gente na fila de espera, aí se você quiser ou, sei lá, ficar com dois parceiros ou pegar alguém durante as férias e depois voltar comigo, porque é no mínimo três meses' e três meses era o mínimo que eu ia ficar fora. 'Então vamos fazer o seguinte? Você descansa, eu descanso, em março a gente conversa, em março a gente volta.'	28 Mar. 2009
2			
3			
4			
5			
6			
7			
8			
9			
10			
11	Professora	E ela voltou?	28 Mar. 2009
12	Juliana	Voltou [...]	28 Mar. 2009

Juliana temia perder a parceira devido aos seus três meses de férias. Todavia, expôs isso à parceira e, acordaram a volta no final do período. E, de fato, voltaram. Muitas parcerias não sobrevivem ao período de férias ou recesso, devo ressaltar. Daí minha surpresa com a resposta afirmativa de Juliana, quando perguntei a ela se Juliet havia retornado às interações após as férias. Embora Juliana tenha aconselhado Juliet a interagir com um outro parceiro neste período de sua ausência, Juliet não o fez e ficou à espera da parceira.

Em relação ao ritmo da aprendizagem, Vassallo e Telles (2009, p.26) reconhecem que, no tandem, é "bem flexível e aberto à negociação entre os pares". Assim, ainda que as parceiras fiquem um período sem se falar, cabe a elas esta negociação.

No excerto 41, constam os e-mails de Juliana e Juliet para este acordo de férias tão bem sucedido:

Excerto 41 – EDP da parceria Juliana e Juliet (P-I)

1	Juliana	[...] Well Jullie, I'm writing this email because I'm on my winter	30 Jun. 2008
2		break now and it'll last until August 4th. I'm going to the farm today	
3		to stay with my parents and as you know I won't be able to be online	
4		while I am there... so, once more, I'd like to apologize for this	
5		condition =/	
6		If it's not a problem for you, we may restart our practice after this	
7		break, or if you want to keep on practising with another partner,	
8		please feel comfortable. You told me something about problems	
9		with the sessions' time, didn't you? Well, if you find a better time	
10		after talking to your boss, we may talk about it when we meet again,	
11		there's no problem for me if we need to change it, I just have to	
12		check how my schedule is gonna be next semester at work. I really	
13		hope everything's ok with you and your family and I really wish you	
14		a wonderful ending of summer vacation =)	
15		if there's something you wanna tell me, any complaints, please let	
16		me know, ok?	
17		I guess this is it...	
18		I'll write you again whenever my parents take me to the nearest city	
19		so I can go to a cybercafé.	
20		See you, little Ju! =**	
21		Ju	
22	Juliet	[...] Ju! That sounds great starting in August... Since when you	30 Jun.
23		started up classes was when I was having my break.. And by the	2008
24		time we resume, we can talk about a time that can work well for	
25		both of us! :)	
26		We will talk more when you get back!! [...]	
27	Juliana	[...] so I'm happy we're gonna try to meet again in August... [...]	20 Jul. 2008
28		I hope we can find a good time for both of us! =)	

Juliana justifica seu afastamento e a não realização das sessões nas férias pela falta de estrutura tecnológica na casa de seus pais: *"I'm going to the farm today to stay with my parents and as you know I won't be able to be online while I am there...so, once more, I'd like to apologize for this condition =/"* (linhas 2 a 5). Nas linhas 18 e 19, complementa: *"I'll write you again whenever my parents take me to the nearest city so I can go to a cybercafé."*, o que reflete sua grande responsabilidade com o compromisso de teletandem agendado com a parceira. Juliet, por sua vez, concorda com a volta (linha 22) e já espera uma negociação com Juliana acerca de melhores horários para as sessões (linhas 24 e 25).

Nos Estados Unidos, também, a maioria dos alunos utiliza os laboratórios das universidades e, nos recessos, quando geralmente retornam às casas de seus pais, não contam com um aparato tecnológico eficiente e compatível para as interações.

No excerto 42, Julia negocia uma nova data para o teletandem, devido ao feriado de Ação de Graças nos Estados Unidos e afirma que o ooVoo não funciona em sua casa.

Excerto 42 – EDP da parceria Tatiana e Julia (P-I)

1	Julia	hey so it looks like i don't have school today since tomorrow is	26 Nov. 2008
2		thanksgiving. i was wondering if we can actually talk next week since	
3		my oovoo does not work at home	
4	Tatiana	Hey, Ju, okay, we can talk next week. But, please, tell me the day until	26 Nov. 2008
5		this Friday, because I have to use the lab, and for the next two weeks,	
6		the lab will be opened only when the person make an appointment.	
7		And I have classes til this Friday, so, I must make.	
8		;) Até mais!	

No excerto anteriormente exposto, percebe-se que Tatiana demonstra preocupação e pede rapidez na negociação da nova data, considerando-se que precisa fazer reserva no laboratório que só abrirá diante de reservas efetuadas com antecedência por duas semanas, procedimento característico de períodos de recesso ou férias na universidade.

"I can't do teletandem" – Sem motivos explícitos

As parcerias de teletandem acabam estabelecendo relações de amizade, e o envolvimento dos pares vai além de formas e normas, e começam a atingir sentimentos. Da mesma maneira, a reciprocidade é tamanha que quase pode ser equiparada à cumplicidade, em alguns casos. Todavia, é importante salientar que: "[...] o sucesso do tandem não pode ser avaliado somente pelo estabelecimento de um bom relacionamento com o parceiro, mas também pela concretização de objetivos linguísticos e culturais" (Vassallo; Telles, 2009, p.36).

Assim, independente de um bom relacionamento, o cancelamento de uma sessão de teletandem, como se vê no excerto 43, pode ser solicitado sem grandes explicações. Não se trata de um procedimento comum e recorrente nas parcerias, mas pode acontecer. De qualquer forma, espera-se que essa situação transcorra normalmente, sem causar transtornos aos pares ou interferir no compromisso já assumido.

Luciana, em sua mensagem à Ellen, somente afirma: *"I can't do teletandem in this time"* (linha 2), sem detalhes ou justificativas dos motivos que a impedem de se encontrar com a parceira para a interação em teletandem. Todavia, questiona Ellen acerca de dias e horas que a estrangeira teria disponíveis para as sessões (linha 3) para que ela tente conciliar com seus horários.

Excerto 43 – EDP da parceria Luciana e Ellen (P – I)

1	Luciana	Hello Ellen,	05 Set. 2008
2		I can't do teletandem in this time.	
3		So, tell me which days and hours you can do this and I see what is best	
4		for me, ok?	
5		bye	
6		Lu	

Algumas questões são pessoais e não precisam/devem ser compartilhadas, como o motivo pelo qual Luciana cancela sua interação e tenta marcar outra. Todavia, alguma explicação, por mínima ou superficial que seja, poderia ser oferecida à parceria.

O teletandem não é um serviço profissional que se contrata ou se executa, há laços e relações de diversos tipos imbricados em uma parceria. Às vezes, por não fornecer uma simples pista ou explicação de um cancelamento, a outra parte envolvida na parceria pode achar que fez algo errado ou que não se portou da maneira adequada ou do modo como a outra pessoa gostaria. A partir de suposições (não condizentes com a realidade), situações prejudiciais podem ser desencadeadas em ambas as partes.

A comunicação, em suas variadas formas, é de suma importância neste contexto virtual de aprendizagem no qual as negociações se fazem muito presentes. O uso eficiente da língua(gem) se reafirma pela necessidade dos processos de negociação (Kinginger, 1996) nas atividades telecolaborativas (Ware; Kramsch, 2005) em teletandem.

"Podemos fazer 45 minutos em cada língua?" – Duração da interação e divisão de línguas

Visto que, no teletandem, "todas as decisões concernentes às interações e ao processo de ensino-aprendizagem são negociadas e decididas pelos próprios parceiros" (Luz; Cavalari, 2009, p.205), tais decisões perpassam por diversos aspectos. Os excertos selecionados, nesta seção, apontam os processos de negociação acerca da duração e da divisão das línguas em uma sessão de teletandem. Os pares buscam acordos entre si em relação ao tempo que irão disponibilizar para a prática quer sejam trinta minutos, uma hora ou mais e, também, escolhem a língua que inicialmente irão utilizar nas interações para depois inverterem.

Em relação à divisão de línguas, caso a opção dos pares seja realizar a sessão da LM e da LE no mesmo dia é importante observar, por exemplo, se iniciam com a língua estrangeira e, no próximo encontro, com a materna, para que haja um revezamento das línguas. Para Telles e Vassallo (2009, p.53), "[...] a ordem das línguas deveria ser alternada já que a primeira sessão sempre tende a ser mais produtiva que a segunda, já que os participantes estão mais dispostos". Esta é uma sugestão baseada no princípio da reciprocidade, para que ambos desfrutem e se beneficiem de seu momento de prática de LE (Brammerts, 2003). É, também, possível que os pares agendem dois dias diferentes para a prática de teletandem, um dia para cada língua (Telles; Vassallo, 2009). No trecho seguinte, Taís e Steve comentam acerca desse assunto.

Excerto 44 – Entrevista no ooVoo com Taís e Steve (P-I)

1	Professora	Vocês fazem as duas línguas no mesmo dia?	02 Abr. 2008
2	Taís	Sim, na maioria das vezes.	02 Abr. 2008
3	Steve	Porque é mais fácil.	02 Abr. 2008
4 5	Taís	[...] a gente chega falando português, daí vai em português mesmo, não tem problema. Daí depois faz em inglês.	02 Abr. 2008

O estrangeiro prefere um só dia para fazer o teletandem nas línguas portuguesa e inglesa e segundo ele: "Porque é mais fácil." (linha 3). É importante atentar para a sugestão de inversão das línguas, alternando-as no encontro seguinte, com vistas à maximização da aprendizagem. Uma segunda hora do encontro é sempre mais estafante e os parceiros já estão cansados para iniciarem uma nova conversação na outra língua. Contudo, Taís parece não seguir este procedimento de inversão das línguas a cada encontro, ao dizer: "[...] a gente chega falando português, daí vai em português mesmo, não tem problema. Daí depois faz em inglês." (linhas 4 e 5).

Mia relata suas negociações com a parceira Luciana, como consta no excerto 45.

Excerto 45 – Relato escrito de Mia da parceria Luciana e Mia (P-I)

1 2 3 4	Mia	We just agreed to the day and time that we were going to speak to each other. Our Teletandem sessions consist of a 1.5 hour conversation where we speak English for half the time and Portuguese for the other half.	28 Jan. 2009

No excerto 46, em entrevista, Juliet e Juliana comentam seus acordos. A estrangeira menciona a duração da sessão e divisão de línguas (linha 1) e reconhece que seu nível de proficiência na LE é menor que o da parceira recebendo, assim, mais auxílio na sessão de português. Nota-se, aqui, o fornecimento de andaimes para o desenvolvimento do parceiro (Vygotsky, 1978; Hartman, 2002). A brasileira, por sua vez, discorre sobre o procedimento de inversão das línguas nas sessões e, confirma que a negociação é feita em inglês, língua na qual as duas se sentem mais à vontade (linhas 5 a 10).

Excerto 46 – Entrevista no ooVoo com Juliana e Juliet (P-I)

1	Juliet	We do one hour of Portuguese and one hour of English. It	28 Mar. 2008
2		depends 'cause I'm a beginner so Jullie really helps me out. I	
3		hope that soon we'll talk more Portuguese but for now I ask her	
4		for a lot of help in the Portuguese part.	
5	Juliana	We divide the sessions in the beginning. We try to follow that	28 Mar. 2008 2008
6		pattern that if we started with English last week, we start with	
7		Portuguese this week. But this negotiation is done in English. We	
8		almost all the time talk in English and we decide ' Ok, it's	
9		Portuguese now'. English is the language of our negotiation	
10		because it's the language we both feel more comfortable with.	

Situação semelhante ocorre com Maria e Susan, como mostram os excertos 47 e 48. Em conversas informais pelo MSN, em janeiro de 2006, Maria sinaliza a opção pela divisão das sessões que ocorrem em um mesmo dia (excerto 47, linha 1) e a questão da mistura de línguas, mais pela parceira, justificada pela pouca proficiência no português. É interessante o comentário de Maria quando diz "eu as vezes escrevo errado mas em inglês mesmo" (excerto 48, linha 3) pois demonstra seu esforço na utilização da LE.

Excerto 47 – Conversa informal pelo MSN com Maria da parceria Maria e Susan (P – I)

1	Maria	a gente faz 2 hrs num dia só	16:09:28
2	Maria	1 hr de cada lingua	16:09:32

Excerto 48 – Conversa informal pelo MSN com Maria da parceria Maria e Susan (P – I)

1	Maria	pra falar a verdade axo q ela mistura mais q eu	16:26:33
2	Maria	ela tem mais dificuldade	16:26:38
3	Maria	eu as vezes falo e escrevo errado mas em inglês mesmo	16:26:46
4	Maria	quando é aula de ingles né	16:26:58

Tanto a duração da interação quanto a divisão das línguas estão atreladas à autonomia atribuída aos pares de teletandem (Scharle; Szabó, 2000; Brammerts, 2003; Luz, 2009; Vassallo; Telles, 2009; Telles; Vassallo, 2009). Trata-se de dois pontos que serão negociados segundo a maneira pela qual os pares entenderem que lhes é satisfatória e que atendem às suas necessidades e objetivos. Telles (2009c, p.70) reconhece que é atribuição de cada parceiro de teletandem "[...] determinar seus objetivos na LE, escolher o conteúdo disponível na *web*, experimentar e escolher trajetos e estratégias de aprendizagem e assumir a responsabilidade pela sua própria aprendizagem". Assim, não cabe ao professor ou mediador fazer interferências nesses pontos, mas aos pares tomar as decisões, em conjunto, de forma que sejam igualmente beneficiados, visto que fazem parte deste "contexto autônomo, recíproco e colaborativo de aprendizagem", como consta na definição de teletandem de Vassallo e Telles (2006, p.83).

No excerto 49, verificam-se, novamente, os tópicos duração e divisão de línguas. Julia, depois de negociação com Tatiana, concorda com a realização do teletandem da seguinte forma: "...30 min in english and 30 min. in Portuguese..." (linhas 1 e 2).

Excerto 49 – EDP da parceria Tatiana e Julia (P-I)

1	Julia	Hi, it's totally okay, and we can just do 30 min in english and 30 min.	03 Nov. 2008
2		in Portuguese, no big deal, I was really liking our conversation too.	
3		My day off this week is Wednesday....would that be okay? It would be	
4		1 o'clock my time and six o'clock your time. Let me know!	
5		Thanks	

Para Tatiana e Julia a interação foi acordada de trinta minutos mas para Luciana e Ellen (no excerto 50) as parceiras optaram por quarenta e cinco minutos em cada língua: "então podemos fazer 45 minutos em cada língua, esta bom?" (linhas 2 e 3). Considerando-se a autonomia para as negociações e tomadas de decisões que possuem os participantes no teletandem (Telles, 2009c), o tempo da sessão pode variar, mas é importante que a interação ocorra na mesma proporção nas duas línguas, conforme princípio da reciprocidade (Brammerts, 2003).

Excerto 50 – EDP da parceria Luciana e Ellen (P-I)

1	Ellen	hi!!!	16 Jan. 2009
2		no problem at all! 10am. I have to leave by 11:30am, though.. entao	
3		podemos fazer 45 minutos em cada lingua, esta bom?	
4		Ellen	

No excerto 51, Luciana, no início da interação pelo ooVoo, busca entendimentos com a parceira no que diz respeito à duração do encontro: *"so we will talk during how many time?"* (linha 1). A brasileira propõe duas horas, uma para cada língua, mas Mia diz que não é possível porque não tem muita disponibilidade pois terá que trabalhar depois da sessão. Negociam e decidem conversar por uma hora e meia:

Excerto 51 – Registro escrito do ooVoo da interação de 18/10/2008 de Luciana e Mia (P-I)

1	Luciana	so we will talk during how many time?	15:30
2	Mia	i think that since i am not good, i might as well not talk at all	15:30
3	Luciana	two hours?	15:31
4	Luciana	one in english and one in portuguese?	15:31
5	Mia	can we talk for 1.5 hours? i have to go to work at 2	15:31
6	Luciana	ok	15:31
7	Luciana	not problem	15:31
8	Mia	great!	15:31

No excerto de número 52, Martha comenta sobre sua última interação em teletandem com Priscila. Não menciona qual foi a duração mas demonstra ciência da divisão proporcional de tempo para as duas línguas: *"last time we tried to do half of the time in English and the other half in Portuguese..."* (linhas 1 e 2). Martha demonstra insegurança devido à sua baixa proficiência na Língua Portuguesa, mas diz que correu tudo bem.

Excerto 52 – Entrevista no ooVoo com Martha da parceria Priscila e Martha (P-I)

1	Martha	last time we tried to do half of the time in English and the other half in	11 Out. 2008
2		Portuguese but I was of nervous since I don't know a lot of Portuguese	
3		but we tried and it went well.	

É importante que a duração e a divisão das sessões em teletandem sejam logo acertadas pela parceria para que o princípio da reciprocidade (Brammerts, 2003) seja exercitado de forma responsável para aproveitar ao máximo a oportunidade de intercâmbio linguístico e intercultural (Vassallo; Telles, 2009) que lhes é proporcionada.

"Estou te mandando um texto" – Planejamento de temas nas interações

Diante da fala de Priscila, registrada no excerto 53, faço o seguinte questionamento: estabelecer ou não temas para as sessões de interação em teletandem?

Excerto 53 – Conversa informal em áudio com Priscila da parceria Priscila e Martha (P-I)

1	Priscila	[...] a gente conversava, uma fazia pergunta para a outra mas, às vezes,	05 Nov. 2008
2		ficava assim meio sem assunto né? Mas ela sempre procurava	
3		perguntar alguma coisa, mesmo que fosse meio boba, assim né? Eu	
4		também. Mas aí eu queria saber, assim, alguma ideia, será que é bom	
5		a gente especificar um tema para conversar, assim?	

Priscila aponta a falta de assunto nas sessões com Martha e afirma que perguntas permeiam a parceria: "... uma fazia pergunta para a outra..." (linha 1) e "Mas ela sempre procurava perguntar alguma coisa, mesmo que fosse meio boba..." (linhas 2 e 3). Assim, nas sessões percebem-se seguidas perguntas e respostas descontextualizadas, envolvendo diversos assuntos. Não se nota sequência nem aprofundamento nos assuntos levantados pelas perguntas, às vezes bobas, como ela própria afirma.

O quadro 8 traz algumas perguntas feitas, em sequência, pelas parceiras na interação de 8/10/2008, com duração de vinte e oito minutos e vinte e três segundos, no momento da língua inglesa e trinta e, quatro minutos e trinta e um segundos da língua portuguesa.

Quadro 8 – Principais perguntas na interação do ooVoo de 8/10/2008 de Priscila e Martha (P-I)

		Momento da língua inglesa		Momento da língua portuguesa
1	Priscila	What did you do in the last weekend?	Martha	Quando é sua mãe aniversário?
2	Martha	What did you do?	Martha	O que tem? (do you have?) um carro?
3	Martha	Did you have chocolate cake?	Martha	O que cores está sua mãe carro? What color is your mom's car?
4	Martha	When you visit, do you stay all weekend or just a day?	Martha	Quando você almoça?
5	Martha	A: What did you eat?	Martha	Você tem? Você tem uma bicicleta?
6	Priscila	Do you know 'fubá'?	Martha	O que tem...uma....mochila?
7	Priscila	Did he has a party?	Priscila	Como está o tempo aí?
8	Martha	Do you like to watch movies?	Martha	Como está seu gato?
9	Martha	What kind of movies do you like?	Martha	Que hora você janta?
10	Martha	Have you read the books? Harry Potter's books?	Priscila	What will you have for lunch today?
11	Martha	Do you have Star Wars movies?	Martha	Onde está sua mãe?
12	Martha	Do you like old movies? Black and white movies?	Priscila	Onde ela trabalha? What's her job?
13	Priscila	Did you do a picnic?	Martha	E você mãe? E sua mãe?
14	Priscila	What food do people take on picnic?	Martha	Quantos crianças o que você quer? Do you want? When you get older?
15	Martha	What did you do yesterday?	Martha	Do you want boys or girls?
16	Priscila	What's your favorite day of week?	Martha	Sua mãe fala inglês?
17	Martha	What do you do on Fridays?	Martha	O que você à praia?
18	Priscila	What do you most enjoy doing?	Martha	O que você chocolate?
19	Martha	Do you have like a best friend?	Martha	O que você gosta de fish? How do you say fish?
20	Priscila	Have you ever done anything risky, like climbing?	Priscila	Qual a fruta que você mais gosta?
21	Martha	What's your favorite vegetable?	Martha	Quantas pessoas moram em sua cidade?
22	Martha	What time did you go to bed?		
23	Martha	Oh, when's your birthday?		

Nota-se que Martha fez mais perguntas que Priscila tanto no turno da língua materna quanto na língua estrangeira. A reciprocidade não se evidencia entre as parceiras. Ao retomar Brammerts (2003, p.32, tradução nossa), que afirma que na parceria em tandem "os dois se corrigem, sugerem formulações, alternativas, ajudam com o entendimento de textos, traduzem, explicam significados etc.", percebe-se que as ações de Martha e Priscila parecem não se ajustar. Martha, ainda que apresente falhas e pouca intimidade com a língua portuguesa, se arrisca em prol de seu objetivo no teletandem que é aprender a língua. Já Priscila não se arrisca no inglês e nem oferece andaimes (Hartman, 2002) para que a parceira atinja seu objetivo de forma mais eficiente e tranquila. Vassallo e Telles (2009, p.35) afirmam que: "Dentro dos limites de sua competência, o parceiro mais proficiente terá a responsabilidade (autonomia *com* o outro) de colaborar com o menos proficiente".

Não parece haver um apoio mútuo conforme sugerido por Brammerts (1996, 2003, p.46, tradução nossa) na relação de Martha e Priscila. As informações não apontam claramente o "[...] pedir e receber ajuda do parceiro".

Acredito que falar um pouco da personalidade da parceria Priscila/Martha neste momento possa auxiliar na compreensão de algumas ações. Priscila é muito tímida e apresenta boa desenvoltura na língua inglesa. Martha também é tímida e apresenta pouca desenvoltura na língua portuguesa. Assim, as gravações das interações são extremamente entrecortadas pelo silêncio e o riso tímido das duas estudantes.

O espaço virtual tende a auxiliar o processo de aprendizagem por oferecer oportunidades focadas nas necessidades dos aprendizes, não como em sala de aula onde as oportunidades são as mesmas para todos alunos. Ao trabalhar com as tecnologias no ensino da escrita em língua inglesa (Garcia, 2003), notou-se que o computador e as possibilidades advindas das conexões à internet permitiram que a timidez de alguns alunos diminuísse de modo a aproveitarem mais o espaço cedido.

Ao analisar a entrevista com Martha pelo ooVoo, pela sua imagem e por suas atitudes diante da *webcam*, foi possível perceber grande timidez em suas poucas mas diretas palavras. Foi, todavia, bastante receptiva comigo, com o projeto e com a parceria, mostrando-se satisfeita. Quando perguntei se temas eram planejados para as sessões, sua resposta foi:

Excerto 54 – Entrevista no ooVoo com Martha da parceria Priscila e Martha (P-I)

1	Martha	I try to write down some questions that I can ask her before I meet	11 Out. 2008
2		with her and it seems that she does the same because I see her look	
3		down to read the question or something but other than that we don't	
4		really have much plan, it just kind, we go with the flow.	
5		we haven't really talked about it. If I ask her a question, it will kind of	
6		just go from there and it takes up all the time but we haven't really	
7		planned what we'll talk about.	

Este trecho da entrevista de Martha ilustra a falta de negociação, planejamento e sintonia entre as estudantes. Os procedimentos são individualmente decididos, postos em prática e, posteriormente, reproduzidos: *"... it seems she does the same because I see her look down to read the question or something..."*(linhas 2 e 3). A expressão *"it seems"* demonstra que o assunto não foi negociado pois Martha deduz o que Priscila faz ao ver suas atitudes pela *webcam* do computador: *"... I see her look down to read the question or something..."* (linhas 2 e 3). Priscila e Martha adotam estratégias sem negociar ou acordar sobre tal, como no caso das perguntas prontas. Elas não adotam temas, ou seja, assuntos que poderiam ser amplamente explorados, dos quais brotariam curiosidades e promoveriam troca e construção de conhecimento mas, também, não deslancham na conversação livre.

A escolha de temas para nortear as sessões de teletandem pode ser útil, caso a parceria perceba a necessidade. No entanto, este procedimento não é obrigatório, mas auxiliar, pois os pares podem optar pela conversação livre ou adotar tópicos (Telles; Vassallo, 2009). É importante que os pares reflitam sobre esta escolha e, caso julguem-na necessária, o façam, não para engessar a interação, mas para traçar um guia. Esta foi a sugestão à Priscila quando me questionou: "Mas aí eu queria saber, assim, alguma ideia, será que é bom a gente especificar um tema para conversar, assim?" (excerto 53, linhas 4 e 5). A espontaneidade do teletandem e da conversa parece desaparecer quando perguntas avulsas são usadas para, simplesmente, gerar uma resposta, como se vê nesta parceria.

A conversa entre elas não flui, apenas passa por perguntas e frases isoladas a fim de interromper os longos e repetidos períodos de silêncio. O silêncio não pode ser considerado como um fator negativo na construção do conhecimento, mas, nesta parceria, minimizou a oportunidade e os benefícios do contexto teletandem. De acordo com Telles e Vassallo (2006, p.200, tradução nossa), quando abordam o duplo enfoque no teletandem, o participante mais proficiente, 1, "[...] deve ser um bom ouvinte e responder o que o participante 2 diz a fim de manter o fluxo da conversa". Assim, a parceira proficiente poderia se incumbir do *fluxo da conversa* para que o espaço de aprendizagem na interação fosse maximizado, o que não se confirma na parceria Priscila e Martha.

No caso seguinte, Maria apontou a falta de assunto no teletandem como um ponto negativo, reconhecendo que sugestões de assunto ou roteiro de atividades seriam bem-vindos (para procedimentos presentes na literatura da área ver: John; White, 2003). É importante atentar para o fato de que esta decisão de adotar temas ou não, não deva surgir a partir de diretrizes ou imposições do contexto, mas emergir da relação entre os parceiros e suas necessidades. Maria e Susan, como consta no excerto 55, envolvem questões culturais de seus países para conduzir seu teletandem. Este procedimento é sugerido por Maria, com a aprovação de Susan e proposto para que a estrangeira também fizesse o mesmo.

Excerto 55 – Registro escrito do MSN da interação de 4/11/2005 de Maria e Susan (P-I)

1 2	Maria	e semana que vem eu trago alguma coisa de interessante pra falar pra voce um pouco mais sobre o Brasil,	19:52:38
3	Susan	ok	19:52:47
4 5	Maria	se voce quiser pesquisar algo sobre os Estados Unidos eu também vou gostar	19:53:10
6	Susan	quiser?	19:53:41
7	Maria	want	19:53:48
8	Maria	quer?	19:53:48
9	Susan	ok	19:54:45

O excerto 56 ilustra a abordagem cultural que Maria selecionou para conduzir seu teletandem com Susan. A brasileira leva fotos de lugares turísticos do Brasil e, pautadas neste assunto, as parceiras conduzem a sessão em teletandem.

Excerto 56 – Registro escrito do MSN da interação de 18/11/2005 de Maria e Susan (P-I)

1	Maria	Try now	12:58:06
2 3	Susan	You have successfully received C:\Documents and Settings\....\My Documents\My Received Files\Rio de Janeiro 2.doc from	12:58:23
4	Maria	Can you see now?	12:58:53
5	Susan	SIM!	12:58:58
6	Susan	finally	12:59:01
7	Maria	rsrsrs finalmente	12:59:08
8	Maria	Este é o Cristo Redentor	12:59:34
9	Susan	meu pai tem fotos de isso	12:59:38
10	Maria	é um dos pontos turísticos mais belo do Rio	1:00:26
11	Susan	muita bonita	1:00:45
12	Maria	muito bonita	1:00:49
13	Susan	ah	1:00:53
14	Maria	.... sends Rio 3.doc	1:01:52
15	Maria	Mais algumas do Rio	1:02:01
16 17	Susan	You have successfully received C:\Documents and Settings\......\My Documents\My Received Files\Rio 3.doc from	1:02:52
18	Susan	tem uma praia?	1:03:27
19	Maria	sim....está vendo um morro lá trás em uma das fotos?	1:03:52
20	Maria	Its name is Pão de Açucar	1:07:24

No excerto 57, percebe-se a empolgação das parceiras em relação a mostrar e ver as fotos na interação.

Excerto 57 – Registro escrito do MSN da interação de 18/11/2005 de Maria e Susan (P-I)

1	Maria	então...gostou das fotos?	2:12:58
2	Susan	sim, gostei todos fotos!	2:13:19
3	Maria	que bom que gostou de todas as fotos	2:13:29
4	Maria	então semana que vem a gente faz inglês,tudo bem?	2:13:56
5	Susan	sim, e me deixa das fotos dos estados unidos	2:14:24
6	Maria	semana que vem você vai mostrar as fotos dos estados unidos/?	2:14:49
7	Susan	Sim, vou mostrar as fotos dos estados unidos	2:15:16
8	Maria	ok rsrs....vou adorar ver as fotos	2:15:21

Na interação seguinte, como mostra o excerto 58, Susan adota a mesma estratégia, levando fotos de seu país.

Excerto 58 – Registro escrito do MSN da interação de 25/11/2005 de Maria e Susan (P-I)

1	Maria	Do you separatte the pictures?	12:12:01
2	Susan	what do you mean?	12:12:13
3	Maria	Wiil you show the state's pictures?	12:12:37
4	Susan	Yes	12:12:38
5	Maria	You can beggin	12:13:01
6 7 8	Susan	......(E-mail Address Not Verified) sends C:\Documents and Settings\...\My Documents\My Pictures \Pictures of usa\a0058-000059.jpg	12:13:26
9	Susan	this is where the president lives	12:13:40
10	Susan	it's called the white house	12:13:48

Algumas expressões retiradas da fala de Maria, nesta mesma interação de 25/11/2005, que intercalavam as fotos e as explicações de Susan, confirmam sua motivação, como, por exemplo: "*Susie,,,,,,,Continue to show me the pictures*" (12:25:04), "*Do you have more?*" (12:36:09), "*Can show me more*" (12:46:32), "*Show me more pictures*" (12:52:19), "*Can to show me more pictures*" (1:39:35), "*I loved the pictures*" (2:06:18).

Para Susan, as fotos trouxeram mais benefícios do que simplesmente um assunto para se abordar nas interações, permitiram que as parceiras aumentassem a produção oral.

Excerto 59 – Relato escrito de Susan da parceria Maria e Susan (P-I)

1 2 3 4	Susan	I think having the pictures did help quite a bit. It gave us something to talk about, and if we weren't sure what to say, we could always just describe the picture. But, I do think it lead to more talking than just the subject of the photos.	29 Jan. 2006

Diante de suas necessidades, Lívia e Emma estabelecem sua própria agenda, como mostra o excerto 60. A brasileira envia um texto sobre o teletandem e busca negociação com a parceira: "Pensei que você poderia dar uma lida e amanhã nós conversamos sobre ele, o que acha?" (linhas 4 a 5). Em outro momento, Lívia apresenta sugestões para as próximas interações (linhas 6 a 19), mas deixa clara sua intenção em negociar, em decidir junto com a parceira: "O que você acha? Ou já tinha pensado em outras coisas? Quero ver o que você prefere e acha melhor, certo?! ;) Fique a vontade para me pedir qualquer coisa!"(linhas 17 a 19). Emma, no final, na linha 21, demonstra aprovação às sugestões da parceira.

Excerto 60 – EDP da parceria Lívia e Emma (P-A)

1	Lívia	Oi Emma! Como vai?	Dez. 5, 2006
2		Estou te mandando um texto que eu separei sobre o Teletandem.	
3		Não é muito grande e tem algumas coisas interessantes sobre	
4		o projeto. Pensei que você poderia dar uma lida e amanhã nós	
5		conversamos sobre ele, o que acha? Aí fica mais fácil e nossa	
6		conversa fica mais direcionada. E podemos também ver alguns	
7		termos e expressões que você não conheça. Então você lê, anota as	
8		dúvidas sobre o projeto, eu tento respondê-las e tentamos também	
9		trabalhar com o vocabulário e a pronúncia. Só dê uma lida por cima	
10		e amanhã conversamos sobre ele.	
11		Ah, e quanto as nossa outras "aulas" de português pensei em te	
12		falar um pouco das variações linguísticas e dos dialetos daqui	
13		do Brasil, não sei se você conhece. Porque como você foi para o	
14		Sul, você deve ter estranhado o meu jeito de falar, não? É bem	
15		diferente. Estou procurando alguns sites aqui que tenha algum	
16		áudio gravado com a fala de cada região. Seria bem legal se eu	
17		achasse. O que você acha? Ou já tinha pensado em outras coisas?	
18		Quero ver o que você prefere e acha melhor, certo?! ;)	
19		Fique a vontade para me pedir qualquer coisa! [...]	
20	Emma	Oi Lí,	06 Dez.
21		gostei muito das suas ideias sobre o tema da nossa aula!! [...]	2006

No excerto 61, Ellen comenta que a parceira brasileira sempre traz um tópico para ser discutido na interação em teletandem: "... *every time she introduces an interesting topic to discuss.*" (linha 1). Comenta, ainda, que Luciana, antes da sessão enviou-lhe um documento que trata da literatura e que está muito interessada em abordar esse tema com a parceira.

Excerto 61 – Relato escrito de Ellen da parceria Luciana e Ellen (P-I)

1	Ellen	[...] every time she introduces an interesting topic to discuss. For	24 Mai. 2008
2		example, next time we will be discussing literature – Brazilian and	
3		Russian (since I am from Russia). Prior to the meeting, she sent me a	
4		lengthy Word document with much background on Brazilian literature	
5		and poetry; I am very excited to discuss it with her.	

É interessante observar a riqueza da experiência intercultural vivenciada por Luciana e Ellen, como mostra o excerto 61. O teletandem permite esta oportunidade de contato cultural que é diferenciado dos ambientes tradicionais de ensino de LE. A este respeito, Garcia e Luvizari (2009, p.189) afirmam que se trata de um contato mais intenso e genuíno e justificam: "Mais genuíno, pois os aspectos culturais não são tópicos sobre os quais se fala abstratamente como em contextos tradicionais de ensino de línguas, mas as questões culturais são vividas pelos interagentes em suas ações, estratégias e objetivos para o processo".

Uma posição diferente das descritas acima, consta no relato escrito de Taís, no excerto 62. Ela descreve uma conversa que flui e a espontaneidade característica do teletandem. A brasileira discorre acerca de sua parceria e dos assuntos abordados: "Nossos assuntos são na maioria das vezes a diferença das culturas, comidas e maneiras de tratamento de ambos os países." (linhas 1 e 2). Diz que os assuntos não são previamente agendados mas "surgem de modo que vamos contando um ao outro, o que fizemos na semana que passou, nossos costumes, etc." (linhas 2 a 4).

Excerto 62 – Relato escrito de Taís da parceria Taís e Steve (P-I)

1	Taís	Nossos assuntos são na maioria das vezes a diferença das culturas,	05 Nov. 2007
2		comidas e maneiras de tratamento de ambos os países. Os assuntos	
3		surgem de modo que vamos contando um ao outro, o que fizemos na	
4		semana que passou, nossos costumes, etc. E assim, aprendemos coisas	
5		que às vezes não são dadas dentro da sala de aula. Exemplo: Um dia	
6		ficamos falando como os animais fazem, e percebemos certa diferença	
7		entre os sons. O "auau" do cachorro americano é diferente do	
8		brasileiro. Basicamente aprendemos novas palavras, novas expressões,	
9		contando o que fazemos diariamente.	

Encontro semelhanças entre o relato de Taís, anteriormente descrito, e uma conversa informal em áudio com Juliana (excerto 64). Nos excertos 63 e 64, Juliana discorre sobre a não necessidade da adoção de temas em suas interações com Juliet. Afirma que já tentaram escolher temas para as sessões mas, devido ao bom fluxo da conversa, não precisam mais. Revela que já utilizou fotos e músicas e, se a parceira solicitar, ela pode pensar em outras atividades.

Excerto 63 – Entrevista no ooVoo com Juliana e Juliet (P-I)

1	Juliana	In the first some sessions, I don't remember how many, we tried to	28 Mar. 2008
2		choose something to talk about in the sessions but not every week	
3		because sometimes we say that the theme is used when the	
4		conversation doesn't go itself and it doesn't happen. Conversation	
5		GOES itself with us and we talk and talk and talk a lot. And I like it. I	
6		like it very much. But sometimes, for example, we try to make a kind	
7		of exercise like I send her a photograph of Kaká and she describes the	
8		clothes and the colors like she had learnt in class. She loves Kaká but	
9		he is married now (rss). Besides photographs, we exchange songs, too.	

Excerto 64 – Conversa informal em áudio com Juliana da parceria Juliana e Juliet (P-I)

1	Juliana	[...] a conversa deslancha, sabe? Às vezes, assim, a gente pára,	28 Mar. 2008
2		mas a gente pára, assim, pra organizar as ideias porque é tanta	
3		coisa prá falar. [...]	
4	Professora	você acha que daqui pra frente vocês vão precisar de assunto?	28 Mar. 2008
5	Juliana	Não. Pode ser assim, um dia, que nem, ela queria saber que	28 Mar. 2008
6		eu comentei sobre o Rio Grande do Sul, que é um estado	
7		meio.... diferente, assim, que teve uma época que queria a	
8		separação do Brasil, aí ela pediu "ah, quero saber sobre isso	
9		aí", mas só assim, quando ela pede pra saber de alguma coisa	
10		nossa, aí eu posso pesquisar.	

Verifica-se, assim, que a escolha de temas para esta parceria de Juliana e Juliet é dispensável pois segundo Juliana: "[...] a conversa deslancha, sabe? Às vezes, assim, a gente pára, mas a gente pára, assim, pra organizar as ideias porque é tanta coisa prá falar. [...]" (excerto 64, linhas 1 a 3).

A negociação pode ser percebida quando Juliana identifica a curiosidade da parceira acerca de questões do Brasil, como o estado do Rio Grande do Sul. Diante desta situação, houve um acordo e Juliana pesquisou sobre o assunto e levou para a sessão de teletandem para interagir com sua parceira acerca de um tema previamente negociado.

Observa-se, na fala de Juliana,[1] que ela deixa que sua parceira escolha o tema ou a situação para comunicação a ser abordada no encontro seguinte, concedendo-lhe espaço para que manifeste seu desejo do quê quer aprender sobre o Brasil e a língua.

A brasileira, neste momento, assume o papel de *helper,* ou ajudante e, como sugere Brammerts (2003, p.33, tradução nossa): "Em seus papéis de ajudantes, bons parceiros de tandem reconhecem a autonomia de seu parceiro e se preparam para apoiá-lo [...]" e, também, de mediadora, no sentido vygotskiano, pois, como par mais experiente em sua língua e no teletandem oferece andaimes à Juliet.

Considerando-se alguns excertos aqui selecionados que falam sobre temas para as interações em teletandem, nota-se muita preocupação com "o quê dizer" e, dessa forma, objetivos e princípios do teletandem acabam sendo minimizados. Entendo que este não pode ser o cerne da interação pois, no teletandem, "o quê dizer" vem associado ao "como dizer", o que diferencia o contexto de um simples bate-papo. É necessário que se foquem nos objetivos traçados por cada parceiro para o teletandem e que caminhem rumo a eles.

"I'm new to ooVoo" – Uso do aplicativo

A negociação que diz respeito aos aplicativos sugeridos para a prática de teletandem (WLM/MSN, Skype ou ooVoo) pode ficar

---

1 Juliana atuou como monitora no Laboratório de Teletandem de Assis participando, assim, de reuniões e da rotina de trabalho deste laboratório. Assim, observa-se que, em sua parceria, ela é mais proficiente no que diz respeito ao teletandem.

sob responsabilidade dos parceiros. Eles podem buscar acordos em relação ao aplicativo de mensagens instantâneas que desejam utilizar. Esta negociação, na maioria das vezes, ocorre nos e-mails iniciais trocados entre os pares, todavia, podem, também, aparecer em contatos subsequentes como constam nos excertos 65 e 66.

Os comentários iniciais de Mia revelam que ela é iniciante no ooVoo e que não sabe trabalhar com o aplicativo ainda e Luciana, que já o utiliza, faz comparação com o MSN (linha 3):

Excerto 65 – Registro escrito do ooVoo da interação de 18/10/2008 de Luciana e Mia (P-I)

1	Mia	i'm new to ooVoo, so i don't know how to work with it yet	15:12
2	Luciana	ok	15:13
3	Luciana	it's like messenger	15:13

No excerto 66, Luciana, antes da interação, enquanto espera por Mia, tenta negociar o uso do aplicativo: *"...do you prefer do teletandem with Messenger or oovoo? i'm in both,,,,ok?"* (linhas 2 e 3).

Excerto 66 – EDP da parceria Luciana e Mia (P-I)

1	Luciana	Hey,,	14 Fev. 2009
2		do you prefer do teletandem with messenger or oovoo?	
3		i'm in both,,,ok?	
4		see you	

A negociação concernente ao uso do aplicativo durante as interações não é um procedimento usual e recorrente nas parcerias, mas pode ocorrer, tendo-se em vista a liberdade e autonomia atribuída aos estudantes que é inerente ao contexto teletandem.

"A gente sempre dá 10 minutos de intervalo" – Intervalos

Quando os parceiros fazem o teletandem nas duas línguas em um único dia, podem optar pela realização de um breve momento de intervalo em uma sessão de teletandem, entre um turno e outro (Telles; Vassallo, 2009). Trata-se de um momento de descontração para se levantar da frente do computador, esticar o corpo e renovar energias para o próximo momento.

Taís, quando questionada a respeito das questões negociadas com o parceiro Steve, revela que o período de intervalo foi uma delas.

Excerto 67 – Entrevista no ooVoo com Taís e Steve (P-I)

| 1
2 | Taís | [...] o tempo de intervalo. Que a gente sempre dá dez minutos de intervalo. | 02 Abr. 2008 |

Embora não tenha localizado nas interações maiores informações a respeito deste tema ele é importante pois permite que os estudantes tomem fôlego para interagir, de forma recíproca com o parceiro, ressaltando a alternância das línguas entre uma sessão e outra como um procedimento a ser levado em consideração com vistas ao sucesso e equilíbrio nas práticas em teletandem.

"I like the way she corrects me" – Critérios de correção

Aos parceiros, também, cabem acordos concernentes ao momento e às formas que desejam a correção de sua produção linguística na língua estrangeira.

A correção tende a ocorrer no momento do erro ou no final da interação quando se faz o *feedback* ou reflexão compartilhada sobre a sessão (Telles; Vassallo, 2009). Ao observar as interações, nota-se, todavia, que a opção pela correção imediata é mais comum, pois os pares acreditam que a correção se torna mais produtiva se feita no momento no qual os erros ou as dúvidas surgem. Este é o caso de Taís que, na entrevista no ooVoo, menciona que os critérios de correção foram um assunto acordado com seu parceiro Steve.

Excerto 68 – Entrevista no ooVoo com Taís e Steve (P-I)

1	Professora	Outros tipos de negociação?	02 Abr. 2008
2 3 4 5	Taís	Quando a gente corrigia um ao outro. [...] porque no teletandem, no projeto, assim, tava prá corrigir só no final, né? Então a gente decidiu que era melhor corrigir logo que a gente cometesse um erro.	02 Abr. 2008
6	Professora	Você também prefere assim, Steve?	02 Abr. 2008
7 8 9	Steve	Sim, sim, muito. Porque quando eu estou falando, durante a conversa. Se eu estou cometendo muitos erros......quando eu......yeah, when I make a mistake!	02 Abr. 2008

O primeiro acordo de Taís e Steve se dá em relação ao momento da correção, eles optam pela correção imediata. Taís afirma: "Então a gente decidiu que era melhor corrigir logo que a gente cometesse um erro" (linhas 4 e 5) e Steve reitera: *"...yeah, when I make a mistake!"* (linha 9).

O relato escrito de Taís, no excerto 69, confirma a negociação ("...achamos melhor assim.") com Steve em relação ao momento da correção.

Excerto 69 – Relato escrito de Taís da parceria Taís e Steve (P-I)

1 2 3	Taís	Nossa relação é muito boa. No começo estabelecemos que os erros iriam ser corrigidos após serem cometidos e não deixando para o final da sessão, achamos melhor assim.	05 Nov. 2007

Na parceria de Tatiana e Julia, também, nota-se a preferência pela correção imediata, como ilustra o excerto 70. Tatiana ainda justifica a adoção deste procedimento: "Ah, é mais fácil porque depois se deixar, até o final, depois esquece." (linhas 2 e 3).

Excerto 70 – Conversa informal com Tatiana da parceria Tatiana e Julia (P-I)

1 2 3	Tatiana	É, eu falei para ela que ela poderia me corrigir na hora que eu falasse e ela falou que por ela, também. Ah, é mais fácil porque depois se deixar, até o final, depois esquece.	05 Nov. 2007

Em relação à correção, Steve aponta as estratégias que utiliza com a parceira Taís como mostra o excerto 71. Declara que, quando Taís desconhece uma palavra em inglês, ele faz uma explicação em português e quando isso acontece com ele, no momento da língua portuguesa, Taís faz sua explicação em português e depois em inglês.

Excerto 71 – Entrevista no ooVoo com Taís e Steve (P-I)

1	Steve	If Taís's talking in English and there's a word in English that she	02 Abr. 2008
2		doesn't understand, then I explain that in Portuguese as best as I	
3		can and if there's a word I don't understand in English then Taís	
4		will explain it in English, if necessary. I like her to try in	
5		Portuguese first, but then she'll do it in English.	

Das palavras de Steve (excerto 71) depreende-se que o princípio do uso separado de línguas nas interações em teletandem (Vassallo; Telles, 2009) é negligenciado.

O trabalho de Rossi dos Santos (2008), fruto do projeto TTB, apresenta, de forma bastante organizada, grupos taxonômicos acerca do processo de negociação e percepção de significado e tipos de *feedback*.

Na figura 13, o autor retrata um inventário de eventos relacionados a lacunas de produção ou insumo referente a dados relacionados a ajustes conversacionais utilizado em seu estudo. Como alguns desses eventos foram encontrados nos processos de negociação entre os pares de teletandem, recorro a um diálogo com Rossi dos Santos (2008).

Figura 13 – Movimentos interativos
Fonte: Rossi dos Santos, 2008, p.87

Segundo ele:

> [...] as lacunas de produção, que podem se materializar sob a forma de desvios linguísticos (de forma), falhas de compreensão (de significado) ou de lacunas de conhecimento (formas não conhecidas pelo falante sem as quais ele não pode prosseguir em sua produção), podem ou não serem notadas por pelo menos um dos parceiros. Quando notadas, quer pelo falante ou por seu interlocutor, elas podem ser ignoradas ou tratadas. Quando esse tratamento é iniciado pelo próprio falante, temos um evento de feedback interno, de autocorreção ou de reformulação espontânea. Quando o tratamento da lacuna é iniciado pelo interlocutor (feedback externo), ele pode assumir a forma de correções explícitas (a forma adequada é fornecida sob a forma de um ajuste explicito), reformulações (a forma adequada é fornecida incorporada ao discurso e não a um ajuste explícito), de pedidos de confirmação, de solicitações de esclarecimento ou de outra evidência de incompreensibilidade, muitas vezes manifestada não verbalmente. As solicitações de esclarecimento, por sua vez, podem ser direcionadas ou não, ou seja, podem direcionar a reformulação do outro ou deixar espaço para que o outro faça uma revisão linguística mais livre [...].A essas formas de feedback, o parceiro pode reagir não reprocessando (ignorando a evidência negativa), repetindo o mesmo enunciado ou reformulando-o quer em nível, fonológico, morfossintático ou semântico. (Rossi dos Santos, 2008, p.88)

Assim, em relação ao auxílio à Taís, na hora da língua inglesa, Steve poderia oferecer suporte e ótimo *input* se prestasse seus esclarecimentos na língua em prática, ou seja, em inglês e não em português como afirmou na forma de correções explícitas, procedimento classificado por Rossi dos Santos (ibidem, p.98) como simplificada, como afirma: "[...] a conversão de léxico entre as duas línguas constitui uma estratégia pessoal simplificada, rápida, mas que não impulsiona o falante a fazer uso dos seus recursos linguísticos". Em relação à prática da língua portuguesa, Taís poderia oferecer o auxílio somente em português, considerando-se que é o momento de prática desta língua.

Quando perguntei a eles, na ocasião da entrevista, se misturavam as línguas nas sessões, as respostas foram:

Excerto 72 – Entrevista no ooVoo com Taís e Steve (P-I)

1	Taís	Hum hum.	02 Abr. 2008
2	Steve	We try not to, but sometimes we do it.	02 Abr. 2008

Alguns estudos já desenvolvidos mostram que a mistura de línguas é frequente (Mesquita, 2008; Rossi dos Santos, 2008; Cavalari, 2009). É importante, todavia, que os pares atentem para o princípio do uso separado das línguas (Telles; Vassallo, 2006, 2009) e tenham claros e distintos em suas interações os momentos de prática da língua portuguesa e o da língua estrangeira em prol da maximização do processo.

O excerto 73, apresenta o relato de Ellen acerca dos critérios de correção que utiliza ao interagir com Luciana. Ela diz que Luciana decidiu que deveriam utilizar a escrita para a correção na conversa em vídeo: "... *she decided that we should use the text to correct each other during conversation...*" (linhas 1 e 2) e, em seguida, Ellen diz que gostou muito da ideia: "... *which I thought was a wonderful idea*" (linha 3). Apesar de não perceber a negociação nesta atitude, acredito que irá trazer crescimento à parceria.

No final, quando Ellen afirma que Luciana busca auxílio quando não tem certeza em relação à alguma forma (linha 8), noto que a negociação está presente, de alguma forma, nesta parceria, o que lhes confere chances para melhor trabalharem juntas.

Excerto 73 – Relato escrito de Ellen da parceria Luciana e Ellen (P-I)

1	Ellen	Though we usually use video to communicate, she decided that	24 Mai. 2008
2		we should use the text to correct each other during conversation,	
3		which I thought was a wonderful idea. Thus, as I speak and make	
4		mistakes, she writes them (and vice versa), and then if I have a	
5		question about what she just corrected me on, we talk about it.	
6		[...]Though she makes mistakes in her speech (as we all do), most	
7		of the time she is conscious of them and will correct herself.	
8		When she is not sure about how to correct it, she always asks.	

No caso de Martha e Priscila, a estadunidense especifica, no excerto 74, as estratégias que as duas negociaram para a correção de erros: *"We agreed that if she..... I would correct her on her English if she needed correction and she would correct me on my Portuguese, just to help each other."* (linhas 1 a 3). Priscila, também, relata a opção pela correção imediata.

Excerto 74 – Entrevista no ooVoo com Martha da parceria Priscila e Martha (P-I)

1	Martha	We agreed that if she...... I would correct her on her English if she	11 Out. 2008
2		needed correction or she said something wrong and she would	
3		correct me on my Portuguese, just to help each other. Like, if she	
4		pronounced the word wrong, "I like to swim", If she said "I liki to	
5		swim", I would say "No, it's like". And she would say "Oh,	
6		okay, like, I like to swim." And the same would happen with my	
7		Portuguese.	
8	Professora	And that would happen at the moment of the mistake?	11 Out. 2008
9	Martha	Sure. Yes. Right away.	11 Out. 2008

O mesmo ocorre com Juliana e Juliet como mostra o excerto 75, proveniente de uma entrevista com as parceiras.

Excerto 75 – Entrevista no ooVoo com Juliana e Juliet (P-I)

1	Juliana	I really like the way she corrects me because I need the correction in	28 Mar. 2008
2		the moment I make the mistake. I think it's better for me, it's a better	
3		way to correct and try to use the right form in the sentence again. I	
4		think it's better like in the feedback, I prefer the correction in the	
5		moment of the error, the mistake.	
6	Juliet	I prefer in the moment, because she does it too. She corrects me 'cause	28 Mar. 2008
7		then I will be using a wrong form, so I'd rather be corrected right then	
8		and there.	

O excerto 76 traz um relato escrito no qual Susan comenta que ela e Maria, diante de dificuldades nas quais não conseguem se entender, tentam algumas opções.

Excerto 76 – Relato escrito de Susan da parceria Maria e Susan (P-I)

1	Susan	If we ever run into a bump because one cannot understand the	11 Dez. 2005
2		other, we usually are able to work it out if we try a few different	
3		options.	

Susan não deixa claro quais são as opções que usam, todavia, em um trecho de suas interações pelo MSN, percebe-se um critério de correção adotado pelas parceiras. No excerto 77, diante de uma expressão errada de Maria, Susan indica-lhe formas corretas.

Este procedimento, segundo o estudo de Rossi dos Santos (2008), é um evento de *feedback* externo pois foi iniciado por Susan (a interlocutora) na forma de reformulações, ou seja, as formas mais adequadas (linhas 5-6 e 10-11) foram incorporadas ao discurso. A reação de Maria ao *feedback* de Susan se deu na forma de não processamento (linha 1) e reformulação (linha 9).

Excerto 77 – Registro escrito do MSN da interação de 25/11/2005 de Maria e Susan (P-I)

1	Maria	About reporter.....It's what we are thinking about our classes	1:36:34
2	Susan	oh ok	1:36:49
3	Susan	I understand	1:36:55
4	Maria	I rited mistaked?	1:37:35
5	Susan	you wrote a mistake?	1:37:47
6	Susan	or wrote it wrong?	1:37:52
7	Susan	You want me to correct the last thing you said?	1:38:03
8	Maria	yes	1:38:12
9	Maria	it wrong	1:38:15
10	Susan	The reports are supposed to be about what we think about the class	1:38:52
11	Susan	that's one way to say it	1:39:15
12	Maria	ok....	1:39:26

Os acordos e as negociações que envolvem critérios de correção devem ser, de fato, bastante pensados nas parcerias para que não haja constrangimentos no momento da correção. Conversar sobre este assunto, esporadicamente, nas interações seria interessante, no sentido de avaliar e refletir se as correções estão sendo feitas da maneira esperada, não sendo insuficientes nem demasiadas.

Neste excerto, 77, de Maria e Susan, foi possível verificar alguns eventos que dizem respeito aos termos linguísticos nas sessões de teletandem, segundo o inventário que propõe Rossi dos Santos (2008), como ilustra a figura 13.

"Do you know pomegranate?" – Significado

As sessões de interação em teletandem constituem um espaço profícuo para a negociação de significado. Os estudantes tentam transpor as dificuldades que dizem respeito à compreensão de vocábulos e expressões na LE com o auxílio do par mais proficiente. E, nessas tentativas, identifico a negociação de significado que assume formas diferentes segundo os acordos estabelecidos pelas parcerias.

Este estudo dialoga muito com a pesquisa desenvolvida por Rossi dos Santos (2008) que faz importantes classificações concernentes à negociação de significado, aos movimentos conversacionais e *feedback* no teletandem.

Em algumas situações, o par proficiente apenas fornece o significado e não negocia e nem oferece andaimes para que o outro construa conhecimento e faça relações com sua bagagem cultural. Não se vê processo, somente a entrega de um produto que é o significado.

O excerto 78 demonstra que não há processos de negociação de significado nesta interação de Luciana e Mia. Segundo Rossi dos Santos (2008), esta é uma situação de lacuna de conhecimento[2] na qual o *feedback* é externo, prontamente oferecido por Mia.

Excerto 78 – Registro escrito do ooVoo da interação de 29/10/2008 de Luciana e Mia (P-I)

1	Luciana	how can i say aquecendo in English?	15:54
2	Mia	getting warm or turning up the heat	15:55

No teletandem de Juliana e Juliet este procedimento de simplesmente apontar uma tradução é bastante recorrente, como se vê em trechos variados das interações de 31/08, 14/09 e 21/09/2007, a seguir.

---

2 Para Rossi dos Santos (2008, p.93), trata-se de uma "informação linguística desconhecida sem a qual o aprendiz interrompe sua produção ou a compreensão".

Excerto 79 – Registro escrito do MSN da interação de 31/08/2007 de Juliana e Juliet (P-I)

1	Juliana	pra você também = igualmente	14:15:50
2	Juliana	door = porta	14:21:46
3	Juliana	A = the (article)	14:47:39
4	Juliana	so we say camisa pretA	14:48:33

Excerto 80 – Registro escrito do MSN da interação de 14/09/2007 de Juliana e Juliet (P-I)

1	Juliana	e = and	13:47:41
2	Juliana	é = verb to be	13:47:49

Excerto 81 – Registro escrito do MSN da interação de 21/09/2007 de Juliana e Juliet (P-I)

1	Juliana	*what's your name = qual é o seu nome?*	13:39:03
2 3	Juliana	*what do you want to do this evening? = o que você quer fazer esta noite?*	13:39:35
4	Juliana	*what = o que*	13:39:52

Entendo que o fato de Juliana apenas apresentar a tradução da palavra que Juliet desconhece, além de envolver as duas línguas no momento de prática da língua portuguesa, possa ser justificado pela diferença inicial nos níveis de proficiência, Juliana com uma excelente desenvoltura no inglês e Juliet iniciante no português como reconhece: "*i am kinda not good at portuguese*" (registro escrito do MSN, interação com Juliana, 31/08/2007).

Seis meses depois das interações acima descritas, Juliana avalia alguns aspectos de sua parceria em teletandem com Juliet como mostra o excerto 82.

Excerto 82 – Conversa informal em áudio com Juliana da parceria Juliana e Juliet (P-I)

1	Juliana	[...] quando ela nao sabia alguma palavra, ela tentava me explicar o	28 Mar. 2008
2		que era, só que quando ela via que ela não conseguia, ela digitava. [...]	
3		antigamente ela, prá começar, nem falava em português, sabe, mesmo	
4		na hora do português, ela falava em inglês, só perguntando as	
5		correções das coisas que ela tinha aprendido na aula, ficava muito	
6		restrito, sabe? E só isso. E agora não, ela já tá tentando falar coisas do	
7		dia-a-dia dela em português.	

Juliana reconhece as dificuldades iniciais com sua parceria causadas pela discrepância no nível linguístico: "antigamente ela, prá começar, nem falava em português, sabe, mesmo na hora do português, ela falava em inglês, só perguntando as correções das coisas que ela tinha aprendido na aula, ficava muito restrito, sabe? E só isso." (linhas 3 a 6). Dessa forma, fica mais fácil compreender os motivos pelos quais Juliana somente apresentava a tradução das palavras que Juliet desconhecia no português, sem, ao menos, tentar negociar o significado com sua parceria.

No excerto 83, Juliana reafirma a diferença nos níveis de proficiência e, consequentemente, a não observância ao pilar do teletandem que defende o uso separado de línguas, cada qual em seu momento.

Excerto 83 – Conversa informal em áudio com Juliana da parceria Juliana e Juliet (P-I)

1	Juliana	O que eu senti, assim que quebrava um pouco no nosso tandem era o	28 Mar. 2008
2		uso separado das línguas porque o inglês prevalecia. Por que? Porque	
3		o nível dela de proficiência é o básico e o meu seria de um, de um	
4		intermediário até pro upper. Então, ficava muito mais cômodo pra ela,	
5		ouvir o inglês, né, porque ela não tinha muita bagagem de português	
6		prá ficar uma hora falando em português.	
7		[...] no começo o que ela sabia falar era 'bom dia, boa tarde, boa noite,	
8		meu nome é fulana de tal', só aquelas coisas que você aprende em	
9		aula de iniciante mesmo em escola de idiomas.	

Apesar da situação descrita pela brasileira, até com certo desconforto pelo uso misturado das línguas, a reciprocidade e a autonomia, além da motivação e das agendas compartilhadas para aprender, levaram esta parceria, como afirmam as participantes, ao sucesso e ao crescimento, não somente linguístico mas, também, pessoal e profissional, considerando-se que Juliana é estudante do curso de Letras e professora em formação.

Embora Telles e Vassallo (2009) defendam o perfil de um participante de teletandem como um falante (razoavelmente) competente (e esse não parecia ser o caso de Juliet, como mostram os relatos de sua parceria), o interesse em aprender, também comentado pelos autores, foi determinante nesta parceria.

No próximo excerto, 84, Juliana, muito satisfeita, reconhece avanços no desempenho da parceira, comparando o início das interações e uma das últimas que fez, no dia da conversa informal com a pesquisadora. A brasileira diz com euforia: "mas ela já falou bem mais e eu senti ela falando mais" (linhas 1 e 2) e "...hoje ela falou assim, falou até bastante, comparando" (linha 11).

Excerto 84 – Conversa informal em áudio com Juliana da parceria Juliana e Juliet (P-I)

1	Juliana	Hoje ainda foi um pouco misturado, mas ela já falou bem mais e eu	28 Mar. 2008
2		senti ela falando mais. Me deu confiança prá falar mais em português	
3		com ela também. Porque antes eu tinha muito medo de falar e ela não	
4		entender, sabe? Aí hoje eu falei, falei aí ela 'ahh', ela fazia aquela cara	
5		de quem tava entendendo, quando ela fazia que não tava	
6		entendendo,	
7		aí eu tentava explicar de novo né? Eu fico muito preocupada se ela tá	
8		entendendo o que eu tô falando ou não, sabe?	
9		Antes ela não arriscava falar sobre alguma coisa em português porque	
10		ela ficava "Oh, my Portuguese is too bad", "I can't, I can't, I can't" e	
11		hoje ela falou assim, falou até bastante, comparando.	

No caso de Priscila e Martha, a negociação de significado foi apática. Os novos vocábulos ou expressões eram, às vezes, repetidos e, em seguida, ignorados, sem explicações ou uma compreensão precisa dos significados. As interações entre as parceiras não evidenciam a "[...] combinação de aprendizagem explícita em enfoque na forma e comunicação significativa [...]" (O'Rourke, 2005, p.434, tradução nossa). Nas tentativas de comunicação, Priscila e Martha navegam na descontextualização e superficialidade de assuntos. Segundo as informações obtidas desta parceria, não fica evidente uma preocupação com o enfoque na forma (Long, 1983, 1991), presente na aprendizagem em tandem.

Telles e Vassallo (2006) tratam do duplo enfoque que deve fazer parte de uma sessão regular de teletandem. Isso significa "[...] desenvolver a habilidade de prestar atenção simultânea para os dois níveis da conversação – o *nível de conteúdo/significado* (o *quê* o parceiro diz) e o *nível da forma* (como o parceiro diz)" (Vassallo;Telles, 2009, p.35).

Dessa forma, os pares têm condições de "[...] ajudar um ao outro para melhorar as habilidades linguísticas" (Brammerts, 1995, p.10, tradução nosssa) e "[...] corrigir um ao outro e pedir e receber ajuda do parceiro" (Brammerts e Calvert, 2003, p.43, tradução nossa). Todavia, estas ações não são encontradas nesta parceria.

Destaco dois exemplos inseridos neste contexto. O primeiro diz respeito à sessão em inglês na qual Priscila afirma que comeu bolo de fubá. Martha, por sua vez, a questiona acerca do termo "fubá" (excerto 85). O procedimento da brasileira é ir ao dicionário para localizar a tradução da palavra. Depois de quarenta segundos de silêncio, revela que não encontrou a tradução.

Excerto 85 – Interação no ooVoo de 8/10/2008 de Priscila e Martha (P-I)

1	Martha	It's okay.	–
2	Priscila	It's a cool cake.	–
3	Martha	Okay.......... I like cakes.	–

Nesta situação, de acordo com Rossi dos Santos (2008), há uma lacuna de produção que é uma falha de compreensão de ordem semântica, no caso, "fubá". A brasileira busca tratá-la, em forma de *feedback* interno. Quando vai para o dicionário, Priscila sugere a intenção de fazer a reformulação, usando o bilinguismo. Entretanto, não localiza o vocábulo no dicionário, sendo a lacuna de produção e o *feedback* ignorados e a conversa retomada por Martha.

A brasileira inicia uma estratégia de desistência, não fornecendo nem elementos para caracterizar a palavra de desconhecimento de sua parceira. Poderia ter especificado, por exemplo, que o fubá é produzido a partir do milho ou algo semelhante. Todavia, não há iniciativa para a negociação de significado e, após, esta situação, a interação prossegue.

O segundo exemplo, na sessão do português, diz respeito ao fato no qual Martha fala sobre sua fruta preferida, "pomegranate", romã (excerto 86).

Excerto 86 – Interação no ooVoo de 8/10/2008 de Priscila e Martha (P-I)

1	Martha	Oh. Let's see. Pomegranate. Do you know pomegranate?	–
2	Priscila	No.	–
3	Martha	Não? **(Martha vai para o dicionário neste momento)**	–
4 5	Martha	They don't have it. It's a fruta vermelha, a red fruit com pequenha seeds. You eat the seeds. They're really sweet.	–
6	Priscila	Okay. **(Risos)**	–
7	Martha	You eat it com leite, with milk	–
8	Priscila	Okay.	–
9	Martha	It's good	–
10	Priscila	**(Risos)** Eu não conheço.	–

As palavras destacadas no corpo da conversa remetem às ações que ocorreram junto com as falas das parceiras e julgo importante considerá-las aqui.

Assim, como Juliet, Martha é pouco proficiente na língua portuguesa o que explica a mistura das línguas e a predominância do inglês na sessão do português. Nota-se o esforço de Martha, apresentando uma explicação da fruta – romã, misturando LM e LE. Priscila, com poucas palavras, concorda com a parceira e, por fim, afirma: "Eu não conheço" (linha 10).

Nesta interação, retratada parcialmente no excerto 86, fica evidente que as dificuldades de comunicação de Martha são grandes e há falta de apoio, dos andaimes (Hartman, 2002) pelo par mais proficiente que é Priscila. Rossi dos Santos (2008, p.123) aponta algumas formas de tratamento para se lidar com a informação nova que seriam "a metalinguagem, o bilinguismo, a o apoio escrito, soletração e envio de material digital". Contudo, a brasileira, como apontam os excertos, não oferece o *feedback*, ignorando-o.

As situações presentes nas interações de Priscila e Martha não se aprofundam, ficam em plano superficial. As parceiras não desempenham um trabalho de comunicação, negociação e suporte no tratamento do vocabulário o que poderia ser diferente considerando-se a relevância do vocabulário neste contexto de aprendizagem colaborativa de teletandem.

Os registros de gravação de interação pelo ooVoo retratam que, no momento destinado à prática do português, Martha toma notas de novas palavras e expressões (com certa dificuldade), sem que as veja por escrito mas, também, não solicita à brasileira que digite ou soletre tampouco a parceira se propõe a tais ações.

Em certo momento, na língua portuguesa, diante da grande dificuldade para estruturar uma frase, Martha diz: *"I'm not very good"* (interação no ooVoo de 8/10/2008 com Priscila) e Priscila apenas sorri. Em outros momentos, Priscila acrescenta um "muito bom" à produção linguística de Martha, mas isso não acontece com frequência e nem é inserido em um contexto de suporte à estrangeira.

A ausência de negociação na interação de Luciana e Mia foi apontada no excerto 78. Mas, nesta parceria, também, encontram-se momentos de negociação de significado como mostra o excerto 87 acerca da palavra *"break"*.

Mia vai além da dúvida de Luciana e oferece orientações à brasileira de outras expressões relacionadas à palavra desconhecida: *"winter break..."* (linha 5) e *"take a break..."* (linha 6). Observa-se que há envolvimento entre as parceiras, não é um simples perguntar por perguntar, mas uma coconstrução de conhecimento. Luciana faz uma comparação entre *"break"* e *"vacation"* (linha 7) e Mia mostra-se prestativa e continua auxiliando a parceira com explicações acerca de suas dúvidas (linhas 8 a 10).

Excerto 87 – Registro escrito do ooVoo da interação de 20/12/2008 de Luciana e Mia (P-I)

1	Luciana	break it's like (descanso)	12:33
2	Luciana	what is the translation?	12:33
3	Mia	break can mean descanso or ferias	12:33
4	Luciana	ow	12:33
5	Mia	winter break = ferias de inverno	12:33
6	Mia	take a break = tomar descanso	12:33
7	Luciana	so it's more common say break or vacations?	12:34
8 9	Mia	both are fine. usually u would use the singular form (vacation) instead of vacations	12:34
10	Mia	i personally say break	12:35
11	Luciana	ok	12:35

Semelhantemente, Susan oferece uma explicação acerca do significado de *"dormitory"* (linhas 6 a 8) à Maria, mediante um pedido de confirmação (linha 3), como consta no excerto 88.

Excerto 88 – Registro escrito do MSN da interação de 4/11/2005 de Maria e Susan (P-I)

1	Susan	No, I live with one other girl	18:22:51
2	Susan	In a dormitory	18:22:57
3	Susan	do you know what that is?	18:23:01
4	Maria	more less	18:23:16
5	Maria	more or less	18:23:21
6 7	Susan	It's a big building with a lot of rooms. And there's one bathroom, and we all share rooms with one other person.	18:24:13
8	Susan	There's about 600 people in each building	18:24:31
9	Susan	they are all students	18:24:39

No excerto 88 verifica-se, também, um *feedback* interno, iniciado pelo próprio interlocutor, que é Maria, nas linhas 4 e 5. A brasileira se autocorrige, fazendo uma reformulação instantânea (Rossi dos Santos, 2008).

Os dois excertos seguintes (89 e 90), da parceria Luciana e Ellen, abordam expressões utilizadas na língua portuguesa que a americana desconhecia. Trata-se de negociação de significado envolvendo questões culturais.

No primeiro (89), Luciana explica à Ellen o significado da expressão "semana do saco cheio": "que quer dizer que não aguentamos mais tanto trabalho e queremos descanso" (linhas 7 e 8).

Excerto 89 – Registro escrito do ooVoo da interação de 11/10/2008 de Luciana e Ellen (P-I)

1 2	Luciana	então, como não temos feriado neste semestre, a minha sala fez a semana do saco cheio	–
3	Ellen	saco cheio?	–
4	Luciana	isso é normal no Brasil, nesta época do ano, se não tiver feriado	–
5	Ellen	sim	–
6	Luciana	é uma expressão	–
7 8	Luciana	que quer dizer que não aguentamos mais tanto trabalho e queremos descanso	–
9	Luciana	estou de saco cheio desta coisa= não aguento mais isso	–
10	Ellen	e quer dizer uma semana sem aulas?	–
11	Luciana	weeks without classes	–
12	Ellen	ok	–

No excerto 90, Luciana apresenta uma explanação da expressão "tudo acabou em pizza". A brasileira diz: "nada foi resolvido e tudo ficou como estava" (linha 3).

Excerto 90 – Registro escrito do ooVoo da interação de 15/11/2008 de Luciana e Ellen (P-I)

1	Luciana	mas agora como sempre dizemos tudo acabou em pizza	–
2	Luciana	rsrsrs	–
3	Luciana	nada foi resolvido e tudo ficou como estava	–
4	Ellen	tudo acabou em pizza??	–
5	Ellen	que quer dizer isso?	–
6	Luciana	sim	–
7	Luciana	tudo acabou em festa	–
8	Luciana	para eles	–
9	Luciana	nada resolvido e disseram que estava tudo certo	–
10	Luciana	quando isso acontece	–
11	Luciana	usamos esta expressão	–
12	Luciana	entendeu?	–
13	Ellen	sim	–
14	Ellen	haha	–
15	Ellen	e engracado	–

Nos excertos seguintes, 91 e 92, é possível verificar o modelo de negociação de significado proposto por Varonis e Gass (1985b) comentado no capítulo 4 deste livro.

No caso de Luciana e Mia, existe um *trigger*, um vocábulo que desencadeia a incompreensão do ouvinte, que é "vestibular" (linha 1), em seguida, o sinal do ouvinte que indica a não compreensão do termo (linha 2), o reparo, ou seja, o esclarecimento do falante sobre o insumo que não foi compreendido (linhas 4 e 5) e, finalmente, a reação à resposta, a sinalização do ouvinte de que a dificuldade foi sanada (linha 6).

Excerto 91 – Registro escrito do ooVoo da interação de 18/10/2008 de Luciana e Mia (P-I)

1	Luciana	por causa do vestibular para entrar na minha universidade	16:00
2	Mia	que significa vestibular	16:00
3	Luciana	fui obrigada a parar com o inglês	16:00
4	Luciana	prova que fazemos para entrar na universidade	16:00
5	Luciana	chama-se vestibular	16:00
6	Mia	ah, entendo	16:00

Susan e Maria negociam o significado de *"midterm"*. Este é o vocábulo utilizado por Susan (linha 1) e desconhecido por Maria, o desencadeador do processo de negociação. Maria, por sua vez, sinaliza sua incompreensão (linha 2) e Susan faz uma tentativa de esclarecimento (linha 3) que é aceita por Maria (linha 4), indicando que a dificuldade não mais persiste.

Excerto 92 – Registro escrito do MSN da interação de 16/11/2005 de Maria e Susan (P-I)

1	Susan	eu tenho um midterm na seixta feira por quimica!	06:28:12
2	Maria	midterm?	06:29:17
3	Susan	exame?	06:30:28
4	Maria	ah yes .....or "prova"	06:31:43
6	Susan	ok	06:32:28

É interessante destacar aqui a ligação entre vocabulário e gramática (Lewis, 1993). Diferentemente de outros contextos formais de aprendizagem nos quais o tratamento do vocabulário e da gramática ocorre em momentos distintos, o teletandem oferece um espaço de contextualização, por meio da comunicação autêntica (Brammerts, 2003) rompendo com as práticas tradicionais ainda vistas em sala de aula, de transmitir e receber conhecimento. No teletandem, as maneiras escolhidas pelos pares para comunicação ("como") se atrelam aos significados coconstruídos ("o quê") em uma relação equitativa, o que reafirma a ligação de Lewis (1993).

Dessa forma, a parceria deveria conceber as ações no teletandem com bases consolidadas na prática, em um espaço para usar, para testar, errar e acertar. Muitas vezes o contato e o auxílio do par mais proficiente sana dúvidas trazidas há longo tempo e as dissipa dentro de uma aprendizagem contextualizada e motivadora, que associa uso e forma, vocabulário e gramática (Lewis, 1993; Qin, 2005). O ir e vir nas palavras e nas explicações fomenta a vontade de explorar contextos e conteúdos e permite que os estudantes se engajem em práticas significativas para aprender.

No caso de Juliana e Juliet, diante de tudo que foi dito, a brasileira apenas mostrou-lhe a tradução de "igualmente" e, ao final da sessão, passados vários minutos Juliet pode empregar este vocábulo após Juliana lhe desejar uma boa semana. Houve uma contextualização, uma associação de teoria e prática que foi negociada pelas parceiras.

Considerando-se o enfoque deste livro, não abordo somente a negociação de significado. Rossi dos Santos (2008) trata, com muita organização, das interações no contexto teletandem e faz importantes considerações acerca da negociação de significado neste contexto de telecolaboração.

"So you have an assignment?" – Tarefas extrainteração

Alguns parceiros de teletandem, diante de negociação, trocam atividades extrainteração, como tarefas (Telles; Vassallo, 2009) a serem feitas e enviadas por e-mail para correção. O objetivo destas atividades é proporcionar uma prática e um contato complementar dos estudantes com a LE para fins de aprendizagem e fixação das estruturas e vocabulário vistos nas sessões de interação em teletandem.

No excerto 93, da parceria Taís e Steve, há a opção pela troca de tarefas. Os registros das interações não revelam a maneira como foram acordadas a realização, correção, envio das atividades, mas nota-se que, para os pares, este é um compromisso assumido. Taís possivelmente já havia solicitado a tarefa em um momento anterior pois neste e-mail refere-se a um diálogo (linha 2). Steve desculpa-se por ainda não ter feito, mas diz que irá enviar-lhe naquele mesmo dia (linhas 12 e 13).

Excerto 93 – EDP da parceria Taís e Steve (P-I)

1	Taís	Hi steve...I'm sorry but today I can't do teletandem [...]	06 set. 2007
2		Ok? Write me the dialogue ok? In a restaurant.	
3		We talk on Monday...as 17 in your country and as 7 here..ok?	
4		Write me ok?	
5		Bom final de semana! Beijos! Até mais!	
6	Steve	Oi Taís,	09 Set. 2007
7		Não posso falar amanha as 5-7(meu, 7-9 seu). Eu tenho uma aula ate	
8		as 6:30. Podemos falar amanha as 6:30-8:30(meu, 8:30-10:30 seu). Ou	
9		se não podemos falar amanha então posso falar terça feira as 5-7 (meu,	
10		7-9	
11		seu).	
12		Vou enviarlhe o dialogo hoje a tarde o hoje a noite. Sinto, mas ainda	
13		não tenho feito.	

A postura de Juliana e Juliet em relação às tarefas parece ser bastante comprometida, responsável e animada no que diz respeito à negociação, execução e correção. O excerto 94 traz a negociação entre as parceiras em relação ao tema da tarefa. Juliana aponta sugestões e Juliet aprova *"ah this can be fun"* (linha 8) e propõe que aquela atividade seja para as duas fazerem. Juliana concorda e, assim, devem escrever sobre uma pessoa que gostam muito.

Excerto 94 – Registro escrito do MSN da interação de 14/09/2007 de Juliana e Juliet (P-I)

1	Juliet	so you have an assigment?	15:00:43
2	Juliana	well, I have a suggestion hehe	15:00:53
3	Juliana	what about talking about a person you really like?	15:01:12
4	Juliana	his/her physic characteristics	15:01:29
5	Juliana	Nationality	15:01:33
6	Juliet	lol	15:01:34
7	Juliana	just like we've done	15:01:39
8	Juliet	ah this can be fun	15:01:40
9	Juliana	?	15:01:40
10	Juliana	if you want to, of course	15:01:48
11	Juliana	or you can give me a sugestion too	15:01:55
12	Juliet	you can do the same as well!	15:02:20
13	Juliana	yes! Lol	15:03:05

Os próximos excertos (95-96) mostram as tarefas de Juliana e Juliet, segundo acordado entre elas na interação.

Excerto 95 – EDP da parceria Juliana e Juliet (P – I) – segunda tarefa

1	Juliana	Everybody has a kind of idol. It can be an artist, like a singer,	19 Set. 2007
2		an actor or actress for example. However, the person I respect	
3		and admire most isn't famous. She's a fifty-three-year-old	
4		woman. She's very wise and genial and I expect to be like her	
5		someday. I'm talking about my mother:	
6		My mother is a beautiful middle age lady. She has black curly	
7		hair (it's short, on the shoulder), black eyes and brown (?) skin.	
8		She is very short, a little more than five feet tall, and she's just	
9		a little fat. Her face is round shape and she always brings a	
10		wonderful big smile on it.	
11		Mrs. ...... has little dimples on her cheeks, which make her even	
12		more beautiful when she smiles. I could tell you her dimples	
13		are what I like most on her face. Mom has also a snub (?) little	
14		nose.	
15		Well, these are my mother's physical (?) characteristics. She	
16		has a wonderful personality too, and I'm very proud for being	
17		her daughter and for looking like her in so many ways.	
18	Juliet	Meu amigo...	22 Set. 2007
19		A pessoa que eu escolhi escrever sobre é um de meus melhores	
20		amigos, seu nome é.... Esteve em minha vida por dez anos. Nós	
21		encontramos primeiramente no jardim de infância. Mas	
22		reconectado quando nós estávamos na escola média, nós	
23		falamos no telefone muito. Crescemos à parte mas na faculdade	
24		tornamonos amigos bons outra vez. Nós trabalhamos ainda no	
25		mesmo lugar, assim que conversamos todo los dias. Ele é	
26		interessante e estou afortunado para ter um amigo tão bom.	
27		Ele é dos Estados Unidos, ele é americano. Ele é alto, jovem,	
28		moreno, intellegenteo e simpático. Ele também é um poeta e	
29		um cantante. Ele é divertindo e engraçado. Eu sou afortunada	
30		ter amigos bom, e... é um de a mais melhor eu tenho.	

A correção da segunda tarefa de Juliana foi feita por Juliet de forma organizada, como revelam e-mails e a própria correção. A estrangeira diz que sua correção está como a que Juliana fez em outra tarefa, diz que gostou muito do procedimento adotado pela parceira e, por isso, fez o mesmo.

Excerto 96 – EDP da parceria Juliana e Juliet (P-I) – correção da segunda tarefa de Juliana

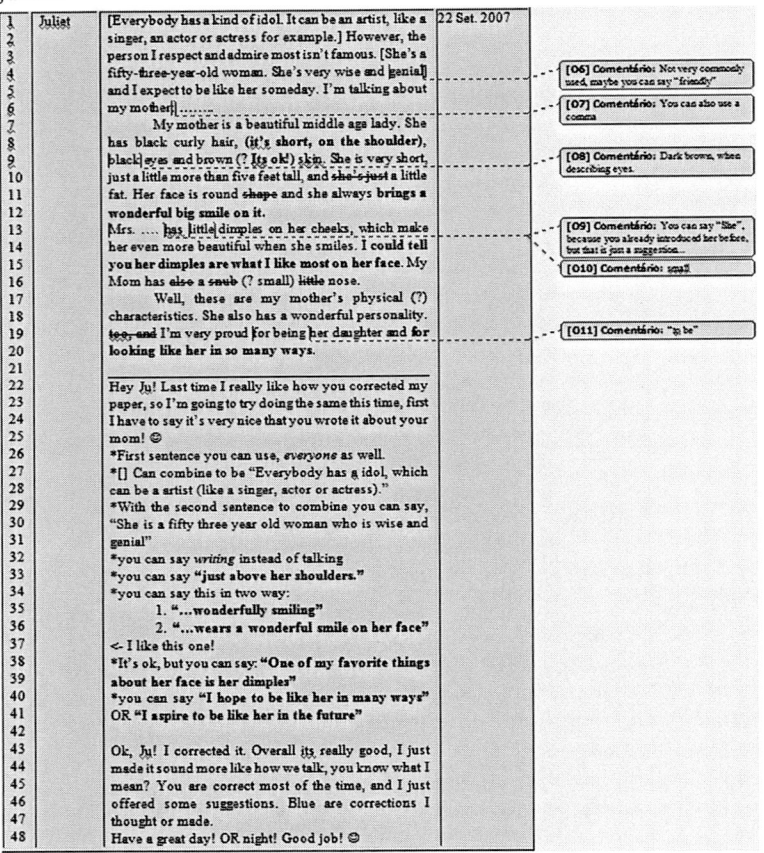

No *feedback* da tarefa de Juliana, percebem-se mais que correções. A estrangeira aponta sugestões e explicações à parceira (Rossi dos Santos, 2008; Brocco, 2009). Assim, nota-se que este espaço suplementar acordado pelas parceiras que é a realização de tarefas constitui-se em um rico momento para se refletir sobre a língua (Argyris; Schön, 1992; Ghedin, 2002).

É importante, também, ressaltar, nas tarefas, a atenção dada às características linguísticas da produção escrita. Não se trata de escrever por escrever, mas as tarefas, mediante negociação das parceiras, assumem um importante papel na prática da língua estrangeira, associando uso e forma (Long; Robinson, 1998; O'Rourke, 2005).

Destaco nesta atividade, dois momentos cruciais, (1) a produção pela parceira menos proficiente e (2) a correção pela parceira mais proficiente. E, nos dois momentos, podem ser notados aspectos teóricos relevantes na aprendizagem, como a reflexão (Schön, 1983) sobre a língua materna e a estrangeira, o papel do léxico (Lewis, 1993), o enfoque na forma (Long, 1991), atitudes autônomas (Holec, 1981), a transformação (Mezirow, 1990), a colaboração (Saltiel, 1998) e telecolaboração (Ware; Kramsch, 2005), o auxílio feito pelo par mais proficiente como andaimes (Hartman, 2002). Ou seja, as vertentes teóricas das práticas em teletandem, podem ser verificadas não somente no momento das interações em tempo real, mas também nas práticas individuais, como nesta de tarefas. Trata-se de um momento de individualidade que será retomado na correção e na interação onde será apresentado um *feedback* da produção escrita. É relevante lembrar que esta produção é contextualizada na vivência das parceiras de teletandem.

Estas tarefas constituem um excelente espaço para a aprendizagem quando as parceiras não estão interagindo sincronicamente. Este é um momento que tem inspirado reflexão além do uso do conhecimento linguístico e cultural.

Os procedimentos que Juliet adotou na correção são provenientes da correção da primeira tarefa por Juliana:

Excerto 97 – EDP da parceria Juliana e Juliet (P-I) – correção da primeira tarefa de Juliet

#	Juliana	Juliet... Assignment #1, Teletandem	Comentários
1			
2		Assigment #1, Teletandem	
3			
4		Meu nome é Juliet.... Eu nascia (in Portuguese we say	[U1] Comentário: In Portuguese we say "Eu nasci em".
5		"Eu nasci em") ....., ..., México. A minha família não	
6		permaneceu em (no) México, quando tinha dois anos de	[U2] Comentário: no
7		idade nós movemos aos Estados Unidos. Eu acredito	
8		que a família é a coisa a mais importante no mundo. Eu	
9		vivo com minha família, que inclui meus pais e meu	
10		irmão. Atualmente eu tenho 22 anos, Eu sou um	[U3] Comentário: You should use "uma", because you are referring to you, who is a girl. "Estudante", in Portuguese is a word which doesn't have genre, so we must specify it with the article.
11		estudante que estuda matemáticas, computadoras e	
12		também espanhol e em português. Eu estou interessado)	
13		em muitas coisas, eu amo aprender sobre culturas. Há	[U4] Comentário: You just forgot the stress: "também"
14		tanto mim quereria eu escrever, mas eu estou mal	[U5] Comentário: "interessada", feminine word
15		começando a prender português.	
16		Correction of the expressions in bold.	
17		Nós movemos aos Estados Unidos => the righ way to	
18		say that in Portuguese would be Nós nos mudamos para	
19		os Estados Unidos	
20		Matemáticas, computadoras => in Portuguese, the	
21		subjects of the school are in the singular form, so you	
22		would say Matemática e computação (it's the word for	
23		the subject which studies the computers)	
24		Há tanto mim quereria eu escrever, mas eu estou	
25		mal começando a prender português => Há tanto que	
26		eu queria escrever, mas acabei de começar a aprender	
27		português. "I've just" in Portuguese we translate like	
28		this expression: "Eu acabei de", that means that you've	
29		just begun to learn the new language.	
30		Well, Juliet, your compositionis great! The only thing I	
31		noticed which isn't very clear yet is the notion of	
32		"genre", but you are going to learn it during the classes	
33		and the sessions. It's a new thing, but you will get used	
34		to it, don't worry... ☺	
35		Very good!	

O trabalho de Juliana nas correções é exemplar e de muito capricho. Ela corrige e faz sugestões à Juliet. Apesar de a produção estar em português, Juliana considera a pouca proficiência da parceria, já comentada anteriormente, e faz suas anotações em inglês, certificando-se de que a Juliet, de fato, irá compreender.

Percebo que se as tarefas forem bem acordadas e levadas com responsabilidade, como nota-se em Juliana/Juliet, podem promover consolidação de conhecimento e crescimento linguístico nas parceiras.

Conclui-se que é possível trabalhar, por exemplo, a habilidade da escrita de forma contextualizada nos institutos de idiomas, em escolas públicas e privadas e, em geral, nos ambientes de aprendizagem que envolvem as TICs, propondo atividades que transcendam o mero exercício de formas e normas e adquiram relevância a partir de experiências pessoais dos aprendizes.

7
O QUE OS PARES DE TELETANDEM NÃO NEGOCIAM

Introdução

Como já explicitado, os acordos e as negociações entre os pares nas práticas telecolaborativas é de grande relevância e contribuem para a manutenção das parcerias, refletindo nos desenvolvimentos subsequentes das relações de ensino e aprendizagem. Podem ocorrer no início das parcerias, logo após sua formação, como forma de comunicação assincrônica ou permeando a parceria, ou seja, durante as sessões, de forma sincrônica ou assincrônica.

Os processos de acordos e negociações apresentam características linguísticas, culturais, tecnológicas, pessoais e interacionais, podendo envolver os parceiros e, também, o professor/mediador/orientador. Sua importância se reafirma pois parecem apresentar implicações na construção da autonomia do aprendiz, estabelecimento de objetivos, reciprocidade, autoavaliação, avaliação de resultados e estratégias de ensino e aprendizagem.

Todavia, observa-se que algumas ações não passam pelos acordos e nem pelas negociações entre os pares no teletandem, simplesmente ocorrem nas interações em teletandem.

Assim, nesta seção, abordo algumas situações nas quais a busca por acordos não foi suficiente ou não se efetivou. Em alguns casos, a diferença de agenda entre os aprendizes gerou desconfortos e acabou por comprometer a parceria. Já em outros, apesar de não identificar os processos de negociação, nota-se, em geral, que as ações unilaterais não trouxeram danos às parcerias, pelo contrário, as enriqueceram. Por isso, constituem-se um campo interessante de observação.

"I'm not that high-tech" – Diferença de agendas

Algumas parcerias acabam enfrentando dificuldades e, até se diluindo, devido a certas incompatibilidades. O excerto seguinte é proveniente da comunicação entre a Coordenação da Equipe TTB e estudantes, parceiros de teletandem.

Excerto 98 – E-mail de estudante à Coordenação da Equipe TTB

1	Janete	Há cerca de um mês conheci a minha parceira de Teletandem (M.).	10 Out. 2006
2		Ocorre que, desde esse dia, tivemos alguns	
3		problemas....Primeiramente os horários(mas que logo foi resolvido),	
4		algum tempo depois...qdo entrei em contato efetivamente com a M.	
5		perguntei-a se possuía uma webcam e ela me disse simplesmente:	
6		"I'm not that high-tech".... Desde entao, decidi que iria pedir pra	
7		procurar outro parceiro....Ela me disse que arranjaria uma camera num	
8		prazo de 5 dias e nunca mais falou comigo(nem qdo estamos as duas	
9		ONLINE no MSN).	
10		Por esses motivos eu peço pra ficar novamente na lista e esperar por	
11		um outro parceiro.	
12		Valeu a atenção,	
13		J.	

O excerto 98 aponta um mês de desencontros e desentendimentos envolvendo horários e equipamento tecnológico. A brasileira se mostra decepcionada diante da situação e, mais ainda, pelo não cumprimento de um prazo estipulado pela parceira (5 dias) para aquisição de uma *webcam* para a prática de teletandem. Entretanto, interrompeu abruptamente a parceria e não conversa mais com a brasileira: "nem qdo estamos as duas ONLINE no MSN)" (linhas 8 e 9).

A diferença de agendas, neste caso, parece ter superado a motivação e a necessidade dos equipamentos tecnológicos para a prática de teletandem. A estudante estrangeira mostrou-se disposta a adquirir uma câmera mas não o fez e, sem dar explicações, abandonou a parceria. A reciprocidade, esforços e responsabilidades não foram questões mutuamente compartilhadas nesta parceria (Schwienhorst; Borgia, 2006). Nesta situação, nem os processos de negociação auxiliariam o sucesso desta parceria pois o interesse parecia ser unilateral. A motivação da brasileira é clara visto que, diante desta experiência, solicita nova parceria.

Já os comentários dos excertos 99 e 100 demonstram insatisfação dos parceiros e, ainda que um dos parceiros fizesse algumas tentativas de negociação, ela não ocorreu.

Excerto 99 – E-mail de estudante à Coordenação da Equipe TTB

1	Wendel	A minha parceira se chama A.	Agosto/2007
2		Gostaria de trocar de parceira. Vários eventos desagradáveis vem	
3		ocorrendo. Já tentei conversar, mas não está adiantando muito.	

A mensagem seguinte (excerto 100) aponta o não comprometimento da parceira, em faltar às sessões ou enviar justificativas para o não comparecimento. No final, deixa uma dúvida: "Não tenho certeza se devo insistir com esta senhorita" (linhas 10 e 11) e espera um retorno do coordenador para auxiliá-lo neste impasse. Elton não está satisfeito com a situação vivenciada com a parceira e o uso de "senhorita" é empregado, não para demonstrar polidez mas ironia.

Excerto 100 – E-mail de estudante à Coordenação da Equipe TTB

1	Elton	[...] Assim que recebi o seu e-mail, tratei imediatamente de entrar	Abril/2007
2		emcontato com esta A. que o senhor me havia recomendado pedindo	
3		que ela me contactasse até, no máximo, segunda-feira, o que ela fez	
4		neste último. Havíamos, então, combinado de nos encontrarmos todas	
5		as terças e quintas Às 14:00 no horário de Brasília, (18:00 no horário	
6		de..., onde ela diz morar) e chegamos a nos falar por duas vezes,	
7		porém, em algumas outras vezesela não aparecia ou mandava	
8		justificativas por e-mail -lembrando que nos falamos de fato por	
9		apenas duas vezes (!). Nestre momento, e nesta terça-feira, ela não	
10		está on-line de novo. Não tenho certeza se devo insistir com esta	
11		senhorita.	
12		Aguardo o seu e-mail.	
13		Atenciosamente	

Em situações como nas descritas nos excertos 98, 99 e 100, a Coordenação do Projeto Teletandem Brasil tenta estabelecer contato com os estudantes estrangeiros na tentativa de esclarecer ou solucionar as questões retratadas e, se não houver êxito, realiza a atribuição de um novo par ao estudante que não se encontra satisfeito.

"*r u ok?*" – Informalidade

A informalidade, apesar de não perpassar pela negociação, está bem presente nas interações de teletandem e, parece demonstrar liberdade e intimidade do parceiro na abordagem mútua. Entendo, todavia, que deva haver consciência para as questões que envolvam registro e variações linguísticas em situações mais ou menos formais.

Quando se percebe informalidade na fala do par menos proficiente, ou seja, aprendiz na língua estrangeira, como abreviações e gírias, considero que ele queira chamar a atenção de seu par para demonstrar ciência de outras formas utilizadas pelos falantes nativos da língua em questão, assim como buscar identidade e inserção naquela comunidade.

No excerto 101, a brasileira Maria usa "r" para "are" e "u" para "you": "*r u ok?*" (linha 2) que são formas amplamente empregadas em bate-papos na internet pois poupam tempo e são bastante simplificadas ao retratar o som da palavra e não sua grafia.

Excerto 101 – Registro escrito do MSN da interação de 16/11/2005 de Maria e Susan (P-I)

| 1 | Susan | ola ma | 6:19:32 |
| 2 | Maria | r u ok? | 6:19:54 |

É interessante perceber que na fala de Susan, a nativa nesta língua, não constam essas formas em nenhum momento de suas interações que observei. No excerto 102, de 12/10/2005 não são encontradas as informalidades às quais me refiro acima. É a mesma expressão, todavia grafada por completo: *"Are you ok?"* (linha 1).

Excerto 102 – Registro escrito do MSN da interação de 12/10/2005 de Maria e Susan (P-I)

| 1 | Maria | Hi Susan....Are you ok? | 4:40:15 |
| 2 | Susan | Hi, I'm good, I'm home now. How are you? | 4:40:28 |

No excerto 103, Juliet não usa *"yes"* e sim *"yeah"* e tampouco usa *"too"* mas o número dois: *"yeah me 2!"* (linha 2). A diferença, neste caso, se encontra somente nas classes gramaticais dos referidos vocábulos pois a pronúncia é idêntica (/tu:/). Na fala de sua parceira, Juliana, também, observa-se a não formalidade: *"Well... gotta go now"* (linha 3).

Excerto 103 – Registro escrito do MSN da interação de 31/08/2007 de Juliana e Juliet (P-I)

1	Juliana	nice to talk to you	13:31:31
2	Juliet	yeah me 2!	13:31:38
3	Juliana	Well... gotta go now	15:18:31

No caso de Mia, nos excertos 104, 105, 106, a informalidade é marcada pelo não uso do pronome *"you"* e de seus derivados (your, yours) como constam nas gramáticas e dicionários da língua. Ela utiliza as formas *"u"*, *"ur"*, *"urs"* já que o som da vogal (u) também se equipara ao som dos pronomes. Isso é bastante recorrente, em todas as interações observadas, chegando ao ponto de Mia não escrever *"you"* em nenhuma interação.

Excerto 104 – Registro escrito do ooVoo da interação de 13/12/2008 de Luciana e Mia (P-I)

| 1 | Mia | ur english is not bad, so stop worry about it! | 16:00 |

Excerto 105 – Registro escrito do ooVoo da interação de 22/11/2008 de Luciana e Mia (P-I)

| 1 | Mia | why are u studying? aren't u on break? | 12:33 |
| 2 | Mia | u don't have classes, do u? | 12:34 |

Excerto 106 – Registro escrito do ooVoo da interação de 10/01/2009 de Luciana e Mia (P-I)

| 1 | Mia | is this a close friend of urs? | 9:13 |

A fala de Luciana, parceira de Mia, não evidencia o uso das informalidades. Embora, por exemplo, Mia sempre use *"u"*, Luciana não segue o mesmo procedimento e sempre utiliza *"you"*.

Possíveis fatores para justificar as informalidades nas interações em teletandem seriam, em primeiro lugar o ambiente virtual no qual o registro informal é natural dada a rapidez buscada na comunicação, a intimidade conquistada nas parcerias cedendo espaço à uma fala descontraída e as categorizações entre o código oral e escrito e os gêneros textuais a partir da internet (ver Marcuschi, 2001).

"My future husband from there" – Brincadeiras

Aproveitando o que disse logo acima acerca da intimidade conquistada nas parcerias e o espaço cedido à descontração, é muito interessante observar a maneira pela qual as parcerias são conduzidas.

Tomo a parceria Juliana e Juliet como exemplo. Na conversa informal registrada em áudio que tive com Juliana, verifiquei que é com bastante empolgação que comenta fatos e suas opiniões do processo de aprendizagem em teletandem e da parceria. Fica claro que o vínculo que Juliana tem com Juliet ultrapassa as questões linguísticas e educacionais.

O excerto 107 ilustra a descontração e informalidade (linhas 1 a 24). As parceiras brincam acerca do futuro marido de Juliana, que ela quer que seja americano e de seus amigos brasileiros que quer apresentar à Juliet.

Excerto 107 – Registro escrito do MSN da interação de 31/08/2007 de Juliana e Juliet (P-I)

1	Juliana	you know i do need to meet my future husband from there :P	15:13:53
2	Juliana	uhahuauhuhauhauhuhauhahuahuhuahuahuauhhua	15:13:58
3	Juliana	when you come to Brazil I'm gonna introduce some friends of mine to you	15:14:16
4	Juliana	uhauhahuuhauhhuauha	15:14:17
5	Juliana	only the handsome ones	15:14:22
6	Juliana	uhahuhuahuahuuha	15:14:24
7	Juliana	;)	15:14:26
8	Juliet	oh ok!	15:14:37
9	Juliet	thanks	15:14:38
10	Juliet	lol	15:14:39
11	Juliana	uhauhahuhauhua	15:14:42
12	Juliana	lol	15:03:05
13	Juliet	hopefully they look like Kaka	15:14:45
14	Juliet	now he is handsome	15:14:51
15	Juliet	:P	15:14:53
16	Juliana	uhahuauhhauhuahuauhhuahuahuhuaahuhauhuahuahhua	15:14:56
17	Juliana	there are very men much more handsome than him here	15:15:14
18	Juliana	uhahuauhhuauha	15:15:15
19	Juliet	lol	15:15:21
20	Juliana	uhauhauhuhahuahua	15:15:24
21	Juliana	uhuuu	15:15:26
22	Juliet	im soo booking my flight now :P	15:15:27
23	Juliana	uhahuahuhuauhauhhuahuahuhuauhahuuhauhhuaa	15:15:35
24	Juliana	:D	15:15:37

São brincadeiras que, embora não tenham passado por ações de negociação entre os pares, permeiam as interações e não atrapalham as características pedagógicas do contexto e dos propósitos de aprendizagem no qual a parceria se insere. Ao contrário, podem promover uma atmosfera mais motivadora para dar continuidade ao processo iniciado.

"These are some brazilian songs" –
Troca de músicas, websites, vídeos

Nas parcerias de teletandem, os estudantes trocam ideias e, também, compartilham questões de seu cotidiano, como músicas, *websites*, fotos e vídeos sem que haja prévia negociação ou acordo para estas ações. Algumas trocas ocorrem por e-mail e outras durante as sessões de teletandem, fazendo parte do assunto abordado.

O excerto 108 ilustra uma mensagem de Tatiana à Julia com uma lista de músicas favoritas da brasileira que quer compartilhar com a parceira. É importante ressaltar que as parceiras não negociaram esta ação, mas a brasileira toma a decisão de dividir Julia esta lista de músicas que tanto gosta.

Excerto 108 – EDP da parceria Tatiana e Julia (P-I)

1	Tatiana	Hi, Julia, these are some brazilian songs that I like so much. Listen in	04 Out. 2008
2		the youtube or wherever you like and then tell me if you like...	
3		1) Memórias – Pitty	
4		2) Teto de vidro – Pitty	
5		3) Máscara – Pitty	
6		4) Anacrônico – Pitty	
7		5) Irreversível – CPM 22	
8		6) Um minuto para o fim do mundo – CPM 22	
9		7) Tarde de outubro – CPM 22	
10		8) Papo reto – Charlie Brown Jr.	
11		9) Te levar – Charlie Brown Jr	
12		10) Razões e Emoções – NX Zero	
13		11) Pela última vez – Nx Zero	
14		I hope that you like!!!	
15		Tchau e até terça!!! =)	

Luciana, no excerto 109, compartilha com Mia um vídeo de um livro da literatura brasileira que está disponível na internet e foi exibido em uma minissérie na televisão. Enquanto Luciana passa à Mia o endereço eletrônico do vídeo e tece alguns comentários, a estrangeira acessa naquele momento e, posteriormente, discutem sobre tal.

Excerto 109 – Registro escrito do ooVoo da interação de 20/12/2008 de Luciana e Mia (P-I)

1	Luciana	so let me schow something that i watching in the internet	1:15
2	Luciana	it's a brasilian's (minisserie)	1:15
3	Luciana	about an important book of our literature	1:15
4	Luciana	http://br.youtube.com/watch?v=EDoMuwGaAao	1:15
5	Luciana	it's a clip	1:15
6	Luciana	about this program	1:15
7	Luciana	that passed in the beginning of the month	1:16
8	Luciana	here	1:16
9	Luciana	i liked a lot	1:16
10	Luciana	it was perfect	1:16
11	Luciana	can you see/	1:16
12	Luciana	?	1:16
13	Mia	im watching it now	1:17
14	Luciana	ok	1:17

O próximo excerto, 110, retrata que, durante uma sessão de interação, Mia oferece ajuda à Luciana indicando-lhe o *website* de um dicionário em inglês que a brasileira pode acessar no caso de dúvidas. Mas, além da indicação, Mia também se oferece para auxiliar Luciana quando necessário. Ressalto que não se trata de negociação, Luciana toma uma decisão que pode auxiliar sua parceira na aprendizagem (Brammerts, 2003) e oferece ajuda (Brammerts; Calvert, 2003).

Excerto 110 – Registro escrito do ooVoo da interação de 10/01/2009 de Luciana e Mia (P-I)

1	Mia	posso lhe ajudar	12:34
2	Luciana	obrigada	12:34
3	Mia	voce tambem pode usar http://dictionary.reference.com/	12:34
4	Luciana	ah ta	12:34
5	Luciana	otimo	12:34
6	Mia	tudo e em ingles mais posso traduzir se nao entende alguma palavra	12:35
7	Luciana	(traduzir)	12:35
8	Luciana	ta	12:35

Apesar de não ser negociada, a troca de músicas, *websites*, vídeos, dentre outras coisas tende a enriquecer a parceria pois constitui-se em um material suplementar para os pares envolvidos com o ensino e aprendizagem de Línguas Estrangeiras (LEs).

"rsrsr in english is hahaha" – Cultura e curiosidades

Bastante relacionada ao tópico acima, a abordagem de questões culturais e curiosidades das LEs pode se fazer presente nas interações em teletandem independentemente de serem acordadas ou não. Surgem para agregar conhecimento como mostram os exemplos encontrados nas interações.

No excerto 111, sem que haja negociações sobre este procedimento ou assunto, Mia e Luciana falam sobre a maneira de expressar o riso na modalidade escrita nas línguas estrangeiras. Falam do inglês, do espanhol e do português. Nota-se um intercâmbio intercultural que enriquece o processo.

Excerto 111 – Registro escrito do ooVoo da interação de 18/10/2008 de Luciana e Mia (P-I)

1	Mia	rsrsr in english is hahaha	15:22
2	Mia	just so u know	15:23
3	Mia	and in spanish it's jajaja	15:23
4	Luciana	ok	15:23
5	Luciana	so nice	15:23
6	Luciana	in portuguese we use all the things	15:23
7	Luciana	haha	15:23
8	Luciana	but i like rsrsrsr	15:24

Entendo que, independente de acordarem ou não acerca destas questões, elas vão ocorrer e, o mais importante, de forma contextualizada pois emergem de uma agenda e de contexto que preza a espontaneidade, diferentemente da sala de aula.

"Entao o que voce acha sobre Obama" – Assuntos delicados

Diante das questões interculturais que perpassam pelas parcerias envolvendo estudantes estrangeiros, é preciso ter ética e sabedoria ao tratar de tais temas. No teletandem a interculturalidade (Brammerts, 2003; Garcia; Luvizari, 2009) aflora e se faz muito presente.

Classifico como "assuntos delicados" aqueles que devem ser cuidadosamente abordados e, acima de tudo, respeitados por permitirem diferentes concepções e opiniões de acordo com a cultura, com o indivíduo dentre outras coisas. Dessa forma, nas práticas colaborativas, acredito que os aprendizes devam se munir de cautela para, de forma bastante educada, abordarem e discutirem o assunto em questão, ouvindo e emitindo opiniões.

Nas informações observadas nesta seção, a abordagem dos "assuntos delicados" não foi negociada, previamente acordada entre os pares, simplesmente emergiu na conversação durante a sessão de teletandem.

No excerto 112, Maria e Susan conversam sobre drogas. Maria fala de algumas, diz que tem amigos que consomem e pergunta se a maconha é legalizada nos Estados Unidos (linha 6). Susan dá a entender que não aprova o uso de drogas quando pergunta se Maria usa e, diante de resposta negativa, responde: "muito bem" (linha 13). Maria não deixa clara qual é sua opinião, apenas levanta fatos acerca das drogas.

Este é um assunto delicado pois envolve leis e concepções que variam de país a país. Assim, é polêmico pois dá abertura para diferentes opiniões. Antes de abordá-los, para evitar desconfortos na comunicação intercultural, acredito que devam ser discutidos, se houver interesse, e negociados. Abordá-lo com um amigo de mesma nacionalidade já pode provocar divergências, então cuidado maior deve ser tomado ao se tratar de países diferentes.

Excerto 112 – Registro escrito do MSN da interação de 4/11/2005 de Maria e Susan (P-I)

1	Maria	Mas tem muita gente louca	19:16:50
2	Susan	porque?	19:17:04
3	Maria	São muito legais,mas alguns usam muitas drogas	19:17:23
4	Susan	legais?	19:17:30
5	Maria	Maconha	19:17:38
6	Maria	Maconha é legal aí nos Estados Unidos?	19:18:14
7	Susan	nao	19:18:20
8	Maria	E alguns usam craque	19:18:31
9	Maria	Eu tenho alguns amigos que usam maconha	19:18:54
10	Susan	tu usa?	19:19:04
11	Maria	voce usa	19:19:08
12	Maria	Não	19:19:08
13	Susan	muito bem	19:19:11
14 15	Maria	Mas aqui no Brasil, apesar de ser ilegal a maconha não é considerada uma droga pesada	19:19:40
16	Susan	pesada?	19:19:47
17	Maria	uma droga que faz mal	19:19:53
18	Maria	o craque é visto com uma droga horrível aqui	19:20:14

O excerto 113, de Luciana e Ellen aborda questões políticas sem que haja um processo de negociação acerca do assunto feito anteriormente. Ellen, a estrangeira, questiona a brasileira: "entao o que voce acha sobre o obama – como Obama vai mudar as relacoes com o brasil?" (linhas 1 e 2) e Luciana, a brasileira, responde: "então eu só não gostei quando ele disse que quer que a Amazônia se torne internacional" (linhas 3 e 4). Os tópicos "relações dos Estados Unidos com o Brasil" e "a internacionalização da Amazônia" são questões delicadas para os brasileiros por questões culturais, políticas, econômicas, sociais, entre outras e, dependendo de como é abordado, pode causar conflitos e opiniões divergentes que possam até prejudicar parcerias.

É preciso que o parceiro saiba abordar o assunto, saiba a hora de começar e hora de terminar, exerça uma competência intercultural para evitar desarranjos e não invadir, de qualquer forma, o espaço do outro. Ellen foi bastante ponderada e sensata ao expressar sua opinião: "isto seria dificil para ele de fazer, acho – o mundo nao vai facilment lhe apoiar" (linhas 11 e 12).

Excerto 113 – Registro escrito do ooVoo da interação de 15/11/2008 de Luciana e Ellen (P-I)

1	Ellen	entao o que voce acha sobre obama – como Obama vai mudar as	–
2		relações com o brasil?	
3	Luciana	então eu só não gostei quando ele disse que quer que a amazônia se	–
4		torne internacional	
5	Luciana	patrimônio mundial	–
6	Ellen	eh? wow, eu nao ouvi isso	–
7	Luciana	não lembro onde foi que vi	–
8	Luciana	não sei se li ou vi	–
9	Luciana	mas sei que ele quer isso	–
10	Ellen	hm	–
11	Ellen	isto seria dificil para ele de fazer, acho – o mundo nao vai facilment	–
12		lhe apoiar	
13	Luciana	tomara	–

Os excertos mostram que esses assuntos emergem nas parcerias de teletandem sem prévia negociação, apenas surgem da comunicação autêntica promovida pela interação entre os pares de alunos estrangeiros e devem ser tratados com respeito e educação.

"My roommate is very nice, she would like to say hi" – Envolvimento de outras pessoas

O uso da *webcam* é essencial para a prática de teletandem (Telles; Vassallo, 2009). Dessa forma, ela fornece pistas visuais e permite a interação entre estudantes de países diferentes. A *webcam* permite que haja uma interação visual e se crie vínculos por meio de linguagem corporal, não somente verbal (ver Telles, 2009a, sobre os usos que alunos fazem da *webcam* durante sessões de teletandem).

Assim, algumas vezes, sem que esta ação passe pela negociação entre os pares, além do parceiro, outras pessoas participam quando aparecem na tela do computador, nem que por alguns segundos, dos encontros virtuais pelos aplicativos de mensagens instantâneas.

Susan, por exemplo, além de interagir com Maria, ainda se encontrava virtualmente com o irmão da brasileira para bater-papo como mostra o excerto 114.

Excerto 114 – Registro escrito do MSN da interação de 11/11/2005 de Maria e Susan (P-I)

1	Maria	Maybe my brother will enter after,,,,,,,,He liked talk you a lot	1:33:07
2	Susan	he's a really sweet boy	1:33:31
3	Susan	I'd totally love to talk to him anytime	1:33:38

Em outra interação com Maria, a colega de quarto de Susan aparece na tela para cumprimentar a brasileira, como consta no excerto 115.

Excerto 115 – Registro escrito do MSN da interação de 04/11/2005 de Maria e Susan (P-I)

1	Susan	My roommate is very nice	18:34:00
2	Susan	she would like to say hi	18:34:06
3	Susan	her name is	18:34:10

Lúcia enfrentou uma situação de desconforto no que diz respeito à participação de outras pessoas na sessão de interação em teletandem, como mostra seu relato:

Excerto 116 – Relato escrito de Lúcia da parceria Lúcia e Sophie (P-F)

1	Lúcia	Esta interação com Sophie foi bastante complicada. Ela morava com	10 Dez. 2007
2		várias pessoas e seu computador ficava no meio da sala. Eles ficavam	
3		passando toda hora atrás dela e mexendo com ela o tempo todo e	
4		comigo também pela webcam. Foi muito chato e me senti muito mal	
5		com esta invasão. Atrapalharam bastante a sessão, que não foi normal,	
6		com tudo isso. Acho que faltaram com respeito. Fiquei muito	
7		desmotivada e depois, ainda por cima, meu computador pegou um	
8		vírus do MSN dela e me deu um trabalhão para consertá-lo.	

Em relação à situação descrita, Sophie manda-lhe um e-mail logo após o fato, desculpando-se e afirmando já ter se acertado com as demais pessoas que moravam com ela.

Excerto 117 – EDP da parceria Lúcia e Sophie (P-F)

1	Sophie	Desculpa Lucia pra a ultima vez, tihna problemas com as pessoas que	20 Out. 2007
2		morram comigo e finalemente tivemos de falar muito para arreglar	
3		tudo. Agora todo esta bom.	
4		Entao vc me dizes quando o teu computador esta ok.	
5		Gros Bisous!	
6		Sophie	

Assim, é preciso que o teletandem seja visto pelos pares como um sério compromisso e não como um simples encontro (Vassallo; Telles, 2009). Respeito é uma questão primordial nesta relação, não só de aprendizagem, mas também de formação. Não considero que haja problemas em entrar e espiar pela janela (*webcam*) ou até fazer amizades paralelas, mas o bom senso, responsabilidade e ética, também, são necessários.

REFLETINDO SOBRE A EXPERIÊNCIA

Primeiras avaliações

A experiência que compartilhei neste livro abordou os processos de negociação entre os pares de teletandem. Ao se engajar na prática telecolaborativa e, a partir dos princípios do tandem, os próprios aprendizes se tornam responsáveis pelo processo de aprendizagem.

No que concerne à negociação, há vários estudos acerca do tema no ensino e aprendizagem de (Línguas Estrangeiras) LEs, contudo, a perspectiva mais recorrente é a do significado. Entretanto, enfoquei os processos de negociação no escopo da interação mais do que no do significado. Dessa forma, concebo estes processos que permeiam a interação e a comunicação em consonância com Kinginger (1996) e Putnam e Roloff (1992), como ajustes, remanejamentos na comunicação e nas ações na interação entre os pares, ou seja, são tentativas de se atingir um consenso na parceria, um entendimento recíproco por meio de conciliações e cessões.

A aprendizagem em teletandem proporciona espaços singulares para que os pares adquiram vivências linguísticas, pessoais, sociais. E, no que concerne aos acordos e negociações, é possível perceber que se constituem peça importante para o sucesso das práticas em teletandem.

A percepção da prática de teletandem como uma atividade constante permite que os pares se organizem diante das metas estabelecidas por eles próprios para que possam, constantemente, avaliar o processo no qual estão inseridos. Assim, desde que abertos à negociação, os pares podem buscar ajustes e mudanças que os beneficiem e permitam que as oportunidades de aprendizagem sejam desfrutadas de forma recíproca e eficaz. E, tais ajustes podem estar relacionados às questões de horário, correção, significado, divisão das línguas, intervalos, duração das sessões de interação, cancelamentos e/ou reposições, uso do aplicativo de mensagens instantâneas, tarefas, assuntos, estratégias de aprendizagem como revelam os temas nos processos de negociação observados neste livro.

A comunicação entre os praticantes de teletandem deve ocorrer por um canal de muita eficiência. A partir dos excertos aqui apresentados, verifica-se que, ainda que haja imprevistos ou situações adversas, estas não afetam parcerias sólidas. Por sólidas me refiro às parcerias que, de forma clara e responsável, estabelecem seus objetivos de aprendizagem e compartilham o desejo da experiência intercultural na condução de práticas colaborativas com um parceiro.

O sucesso das parcerias de teletandem não pode ser garantido pois, como mostram as parcerias, há processos nos quais os objetivos pensados para o teletandem são alcançados de forma tranquila, outros nem tanto e outros que não se concretizam. Todavia, a partir do momento que há a disposição dos pares para o ensino e aprendizagem, é interessante que se pensem em maneiras para a maximização deste processo. Assim, é importante abordar a mediação.

O mediador registra sua importância não somente para situações nas quais há conflitos a serem resolvidos mas como parte integrante de uma parceria telecolaborativa. Cabe à esta figura, além do auxílio nas situações descritas acima, o fomento à reflexão.

Considerando-se que, na experiência aqui retratada, os alunos brasileiros são professores em formação, esta vertente reflexiva é de suma relevância. A partir da reflexão (Schön, 1983), pode-se pensar em uma série de outras ações que serão desencadeadas na formação deste professor como, por exemplo, a transformação (Mezirow, 1990; 1991; 2000). A aprendizagem transformativa é definida como "O processo de aprendizagem pela autorreflexão crítica, que resulta na reformulação de uma perspectiva de significado que permite um entendimento mais inclusivo, discriminante e integrado de sua própria experiência" (Mezirow, 1990, p.xvi, tradução nossa). Dessa maneira, os futuros professores poderiam ser instigados a questionar as práticas vigentes para validar suas próprias pressuposições, como defende a teoria transformativa. E isso pode ocorrer a partir da mediação.

O exercício da autonomia nas práticas colaborativas poderia ser intensificado. No caso do teletandem, o mediador não retira o espaço do praticante de teletandem mas instiga-o rumo às atitudes autônomas. Não se trata de providenciar respostas e caminhos mas sugerir e apontar opções para que os próprios pares, a partir de reflexão e análise, tomem suas decisões mediante negociações na parceria.

Em relação às negociações no teletandem, observa-se que não incidem exclusivamente na língua e, a partir das informações observadas, é possível afirmar que tais negociações, diante de um conteúdo, apresentam características singulares.

Conforme ilustra a figura 14, os processos de negociação se caracterizam por: (a) acordos, (b) encontros, (c) desencontros e (d) conflitos. As características são retratadas em uma figura circular porque podem ocorrer concomitantemente em uma mesma parceria.

Figura 14 – Características dos processos de negociação no teletandem

Os acordos permeiam os processos de negociação pois os parceiros tendem a buscar ajustes em suas ações para buscar o equilíbrio e a harmonia do ensino e da aprendizagem em tandem. Assim, envolvem uma série de ações, como uso do aplicativo (excertos 65 e 66), divisão das línguas (excertos 45 e 46), duração da interação (excertos 49 e 50), intervalos entre as sessões (excerto 67), escolha de temas (excertos 55 e 61), critérios de correção (excertos 69 e 70), tarefas extrainteração (excertos 93 e 94) e significado (excertos 78 e 79).

Os encontros podem ser, também, caracterizadores das negociações. Aqui, destaco a comunicação visando a confirmação de sessões de interação (excertos 1 e 2).

Os desencontros, em contrapartida, fazem parte dos processos de negociação e ocorrem por variadas razões, como problema tecnológico (excertos 16 e 17), problema de saúde (excertos 25 e 26), esquecimento (excertos 30 e 31), imprevisto ou outro compromisso (excertos 32 e 33), férias ou feriado (excertos 36 e 37) e sem motivos explícitos (excerto 43).

Os processos de negociação, também, podem ser caracterizados por tratar de conflitos. Os casos retratados como conflitos, aqui, envolvem as diferenças de agendas entre os aprendizes (excertos 99 e 100), a falta de equipamento tecnológico necessário para o teletandem por parte de um dos parceiros (excerto 98).

A figura 15 resume as características dos processos de negociação tratadas neste livro.

No que concerne às ações presentes nos acordos, é possível perceber que estão diretamente ligadas ao ensino. Neste contexto de telecolaboração que é o teletandem, os pares, ao tomarem decisões em conjunto, o fazem em prol de um melhor aproveitamento do processo de ensino e aprendizagem, visando potencializar as condições de comunicação autêntica proporcionadas pela experiência em tandem.

Os encontros implicam na construção de uma relação mais sólida entre os pares e demonstram que as práticas com as Tecnologias de Informação e Comunicação (TICs) não precisam ser restritas à questões linguísticas pois permitem, também, a construção de

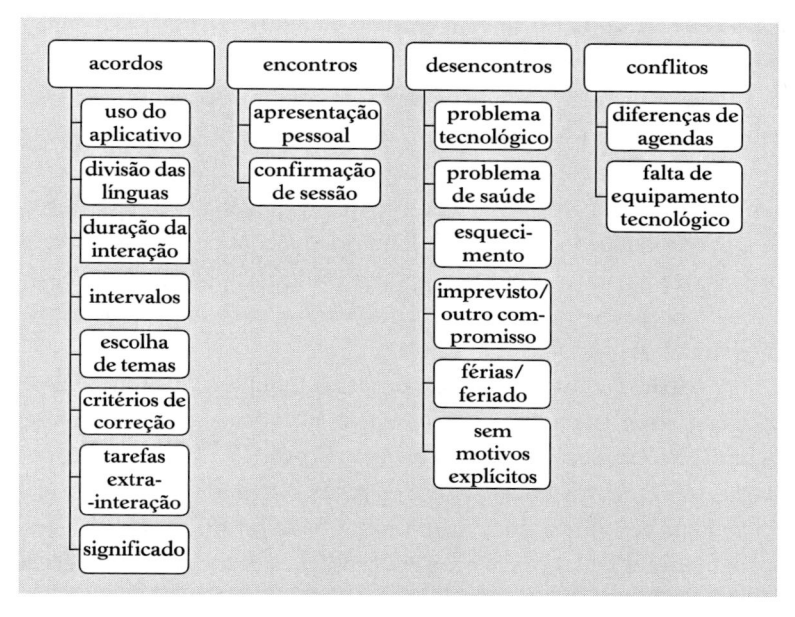

Figura 15 – Síntese das características dos processos de negociação no teletandem

laços de amizade. Tal fato pode ser constatado, por exemplo, na comunicação para confirmação das sessões que se dá, em geral, com bastante frequência.

As práticas pedagógicas podem ser permeadas pelo elemento "prazer", como se vê em excertos aqui observados. E, dessa forma, a formação de professores pode ser enriquecida, permitindo que o ensinar/aprender ultrapasse questões de cunho linguístico e o conhecimento solidificado de forma reflexiva e transformativa para que os futuros professores possam desenvolver suas próprias práticas.

Os desencontros motivados, muitas vezes, minam as relações de ensino e aprendizagem atingindo as esferas pessoais e gerando dinâmicas de força entre os parceiros.

Os processos de negociação se dão, também, a partir de conflitos. A diferença de agendas demonstra a falta de sintonia entre as parcerias e, também, acabou comprometendo o processo de ensino/aprendizagem de LEs.

Espera-se que os pares de práticas colaborativas tenham seus objetivos de aprendizagem bem delineados para que possam, em conjunto, tomar as decisões que os beneficiem mutuamente. Mas, diante da incompatibilidade de agendas, isso pode não ser possível e a parceria não sobreviver. A falta do aparato tecnológico necessário para as práticas em teletandem afetam as potencialidades da telecolaboração e, da mesma forma, trouxeram consequências negativas aos pares.

A partir das interações que observei, concluo que a mediação poderia atuar em todos os momentos. Mas destaco, inicialmente, a partir do emparelhamento feito pela Equipe TTB, com ações focadas nos contatos iniciais entre os pares buscando agilidade e eficiência na comunicação. É importante ressaltar que os aprendizes, principalmente, os brasileiros não possuem grandes e recorrentes oportunidades para as práticas autônomas e este parece ser um momento primordial no qual podem encontrar dificuldades que comprometem a parceria.

Da mesma forma, penso que os estudantes estrangeiros poderiam contar com o suporte do mediador brasileiro. Assim, as ações aqui desenvolvidas poderiam ocorrer de forma virtual nos outros países. O teletandem, sob esta equidade de condições nos momentos iniciais, poderia apresentar frutos diferentes dos observados até então e se constituir um rico campo para a prática da mediação do teletandem e pesquisas futuras.

Implicações para aprendizes, professores e de ensino/aprendizagem de LEs

Considerando-se a natureza das características dos processos de negociação no teletandem aqui mencionadas, acredito que, para os aprendizes há muito que se beneficiar deste canal. Pela colaboração e necessidade de gerenciamento da aprendizagem e do processo com vistas ao sucesso, eles passam por uma série de experiências inovadoras e desafiadoras e que terão muito a acrescentar em sua formação, como indivíduo social, como aprendiz e futuro professor. Entendo que a aprendizagem vá muito além da língua ou de seu uso, mas se configura em crescimento e vivência.

Os processos de negociação se imbricam em relações com a autonomia e reciprocidade e não podem ser dissociáveis. Penso que a reflexão, outra vertente destas relações, também, seja de grande importância apesar de não constar aqui de forma marcante. De qualquer maneira, ao passar por estes processos, os aprendizes se tornam protagonistas de suas histórias em LE e auxiliam os parceiros a passarem pela mesma experiência. É importante que, novamente, se registre que se trata de coconstrução, ou seja, no desenvolvimento da autonomia no teletandem, os aprendizes contam com o suporte do par. E esse aspecto é de irrefutável importância pois o agir autônomo não é fomentado na maioria dos contextos formais de ensino/aprendizagem no Brasil e, estes aprendizes, ao se depararem com a autonomia do contexto, encontram dificuldades iniciais mas, a partir da colaboração, começam a exercitar a autonomia.

O processo de ensinar e de aprender precisa ser repensado. É preciso que se dissocie da visão de aprendizagem de línguas exclusivamente centrada no domínio de formas e normas. Diante do escopo deste estudo e do aprendiz do século XXI, é possível afirmar que somente as aulas frontais não mais atendem às necessidades e precisam ser revistas, repensadas e reestruturadas. As práticas de LEs precisam transcender as paredes da sala de aula e abarcar conceitos como globalização, tecnologias e comunicação como importantes vieses na aprendizagem de línguas autêntica, no contato com os povos e no intercâmbio cultural, tornando o aprendizado de línguas estrangeiras uma atividade significativa, com uma visão de instrumento de comunicação para a transformação social. É óbvio que não sugiro o abandono da sala de aula. No entanto, ela pode ser complementada e enriquecida pela (tele)colaboração, pela autenticidade das oportunidades de comunicação entre os povos que se encontram disponíveis por meio dos recursos de comunicação síncrona e assíncrona online.

Novos papéis devem ser desempenhados pelos professores. A imposição de conteúdos, a transmissão unilateral de conhecimento não são ações apropriadas neste cenário que descrevo. O professor, para atuar em contextos com as TICs, pode assumir posições de facilitador, mediador de modo a promover e fomentar contextos nos quais o aluno exercite a autonomia. Não se trata de apresentar soluções ou direções, mas sim sugestões, opções, diante de sua experiência e conhecimento, para que o aprendiz reflita, analise e opte, de forma responsável, o caminho que desejar.

É de suma importância considerar que, nas ações pedagógicas que envolvem as tecnologias, há espaço para o aprendiz e para o professor. Busca-se um envolvimento diferenciado do professor com o aprendiz e com o processo de ensino e aprendizagem de línguas. O professor é fundamental à medida que auxilia o aprendiz a conjecturar o novo espaço virtual, comunicativo e colaborativo de aprendizagem de LEs, rumo à uma construção e vivência da autonomia.

Dessa maneira, caberia ao professor reconhecer e experimentar as possibilidades que a internet oferece no sentido de agregar valores e inovação. No caso do Curso de Letras e nas aulas de LEs, os professores, em suas práticas com as TICs estariam preparando seus futuros professores para, de maneira satisfatória, participar do mercado de trabalho e promover construção de conhecimento e utilização de tecnologia com vistas ao desenvolvimento humano e acadêmico dos aprendizes.

Diante da descentralização da internet, não poderia haver uma acomodação a ponto de ignorar os novos valores e possibilidades das tecnologias. A imposição de conteúdos cederia lugar à coconstrução, para que professores e alunos pudessem ter suas vozes ouvidas, suas necessidades e objetivos compartilhados, para que o processo seja válido e que promova contextos que favoreçam a transformação. Ware e Kramsch (2005) sustentam que há uma visível necessidade de se repensar o papel dos professores de línguas, especificamente nos contextos da tecnologia e da aprendizagem de línguas, mais que em qualquer outro domínio. Concordo com Telles (2009c, p.64) quando afirma que:

> O impacto dessas novas tecnologias impulsiona uma metamorfose da relação das pessoas com as línguas e as culturas dos povos que habitam o mundo, do ensino e da aprendizagem e da formação dos novos professores para as novas salas virtuais de ensino e aprendizagem de línguas estrangeiras neste novo milênio.

As inovações tecnológicas acentuaram a necessidade de novas posturas no processo de ensino e aprendizagem, envolvendo professores e alunos como coparticipantes da construção de conhecimento visando a complementação do processo de ensino/aprendizagem.

O estudo de Shekary e Tahririan (2006, p.584, tradução nossa), que aponta maneiras de se maximizar a eficácia da negociação on-line de significado, defende que os "professores reconsiderem a importância da inclusão de oportunidades para que aprendizes de L2 negociem significados em circunstâncias colaborativas, mesmo que para isso seja necessário abrir mão de um certo grau de controle acerca da língua usada e discutida em sala de aula".

O teletandem é concebido com o contexto que promove espaços singulares para que os aprendizes atinjam seus objetivos de aprendizagem e para os professores refletirem sobre suas práticas e completá-las. Espaços estes extremamente profícuos para o desenvolvimento de posturas descentralizadoras e autônomas. Considero esta uma das características inovadoras do teletandem que revoluciona o cenário das práticas de LEs no século XXI pois os contextos educacionais não atendem às necessidades dos aprendizes de comunicação autêntica, intercâmbio intercultural além de os privar de desfrutar da vivência autônoma. Urge oferecer oportunidades para a construção da autonomia, (auto)gerenciamento, senso de responsabilidade, ética perante o outro além, certamente, de aprendizagem real e significativa de LEs. Assim, defendo a ideia de que o contato e a inserção dos aprendizes de LEs e professores pré e em serviço deve ser incentivada pois a experiência em teletandem desencadeia processos formativos e reflexivos.

Mesmo estando ciente da exclusão digital que ainda se faz presente em nossa sociedade, os alunos universitários, independentemente de classe social ou de suas condições financeiras, já trazem às salas de aula certo conhecimento tecnológico que, muitas vezes, ultrapassa a habilidade dos educadores (ver Buzato, 2001). A partir das informações aqui expostas, observa-se que os praticantes brasileiros passam a se lapidar e serem lapidados pelo contexto, pelos seus objetivos e pelos seus pares. Passam a presenciar a autonomia e a vivenciá-la em uma relação de colaboração.

No caso de Maria e Susan, por exemplo, as parceiras, por conta própria, optaram por levar fotos de seus países às sessões de teletandem (excertos 55 a 59). Inicialmente esta estratégia foi adotada para lidar com a falta de assunto nas sessões mas, posteriormente, viram o quão produtiva era, não somente em termos linguísticos mas, também, culturais e continuaram utilizando fotos.

Verifica-se, nestes exemplos e nos demais abordados neste livro, que a autonomia é gradativamente descoberta e posta em prática no contato com os pares e no decorrer das interações.

A experiência: desafios e limitações

As potencialidades acerca da associação "novas tecnologias" e "ensino de línguas estrangeiras" são recorrentes na Linguística Aplicada (Chapelle, 1998; Moran, 2001; Cziko, 2004; Celani; Collins, 2005; Warschauer, 1996, 1997a, 1997b, 2001, 2004, 2005; Paiva, 2001, 2001b, 2005; Souza, 2000, 2003, 2007; Leffa, 2006; Souza; Almeida, 2007). Todavia, os desafios e as limitações também devem ser abordados.

É necessário ter discernimento e conhecimento para lidar com questões, não somente teóricas, mas também, práticas que envolvam os computadores com conexões à internet e o ensino e aprendizagem de LEs.

Questões como o letramento e exclusão digitais não devem ser descartadas. Buzato (2001, p.29) define pessoas eletronicamente letradas as "que conseguem participar plenamente de práticas sociais nas quais o computador tem um papel significativo". Uma atitude tecnofóbica gerada pela falta de familiaridade e conhecimentos tecnológicos ainda pode ser percebida em muitos educadores. O medo, a ansiedade e a insegurança ofuscam em tais a percepção das contribuições dos aparatos tecnológicos. Nos alunos envolvidos nesta experiência, acredito que tais sentimentos, se existem, logo são dissipados e a chance de trabalhar com a inovação supera quaisquer outras coisas. Na parceria Luciana e Mia, o aplicativo ooVoo era novo para a estrangeira, contudo, diante do apoio da parceira que já possuía o conhecimento tecnológico deste aplicativo, as sessões foram normalmente realizadas no contexto teletandem (excerto 65).

A exclusão digital tende a diminuir com a propagação da tecnologia e das práticas (tele)colaborativas. Entretanto, no Brasil, as desigualdades, em todos os sentidos, ainda é recorrente, dificultando o acesso das pessoas à máquina.

Considerando-se o cenário das ações pedagógicas retratadas neste livro, o contexto teletandem, exploro seus aspectos e os frutos gerados, mencionando seus pontos positivos e, também, suas limitações. Inicialmente, para que a prática de teletandem ocorra, é necessário que os pares tenham acesso a computadores com boa conexão à internet e demais equipamentos como microfone e *webcam*. Sugere-se o uso de todo o equipamento para que a parceria possa, de fato, ser caracterizada como uma parceria de teletandem e não um *chat* ou um e-tandem por e-mail. É importante salientar, que antes da implantação dos laboratórios, os alunos faziam suas sessões de teletandem em casa (como as parcerias Maria e Susan, Lívia e Emma, Taís e Steve, Lúcia e Sophie) ou em *lan houses*, sem uma infraestrutura e o aparato tecnológico adequados, muitas vezes, desconfigurando o teletandem. Assim, a falta de um espaço tecnologicamente equipado foi um entrave para os parceiros brasileiros na fase inicial do TTB e, consequentemente, à observação das inte-

rações. Nota-se que, com a aquisição de dois Laboratórios de Teletandem, com apoio de uma agência de fomento (Fapesp), na Unesp,
campus de Assis e São José do Rio Preto, essa questão foi resolvida.
Em Assis, os alunos, mediante sessões de orientação prática
e teórica acerca do teletandem e dos aplicativos para sua prática,
recebem autorização para frequentar o laboratório para suas interações com o parceiro estrangeiro. Dessa forma, tive um acesso mais
efetivo aos participantes, tendo a oportunidade de participar destas
sessões de orientação e coletar notas de campo no Laboratório. É
importante ressaltar a importância do trabalho desenvolvido que
diz respeito à promoção do projeto TTB junto aos departamentos
de Língua Portuguesa no Laboratório de Teletandem de Assis.
Por diversas vezes, pude participar e, até, oferecer estas sessões de
orientação aos professores e estudantes do exterior.

Uma questão mencionada por Cziko (2004), por algumas vezes,
causou transtornos nas parcerias: dificuldades com a instalação de
hardware ou *software*. Em relação ao primeiro, alguns impasses puderam ser observados no que diz respeito às configurações e ajustes
de áudio e vídeo. Assim, é fundamental que os pares adquiram
conhecimento e prática para lidar com estas instalações e imprevistos. Nas sessões de orientação prática, mencionadas no capítulo
5, este é um dos itens explorado no intuito de munir os estudantes
brasileiros deste conhecimento técnico para que possam, de forma
autônoma, solucionar problemas que possam surgir nas interações
com os estrangeiros.

Em relação ao *software*, dificuldades puderam ser observadas,
nesta experiência, com a utilização de aplicativos gratuitos de gravação de tela, incluindo áudio e vídeo. Este procedimento era solicitado para que os parceiros pudessem ter registro de suas interações.
Alguns programas de gravação foram testados mas não amplamente adotados pelos pares de teletandem pois acabavam interfe-
rindo no áudio com ruídos e microfonia e, dessa forma, gerando
desconforto entre os estudantes.

Como já mencionado, o aplicativo de mensagens instantâneas
ooVoo oferecia gratuitamente este recurso de gravação e foi am-

plamente utilizado pelos praticantes de teletandem dada sua agilidade e facilidade de manuseio. Sessões de interação e entrevistas puderam ser registradas a partir do referido recurso. Todavia, este recurso não pode mais ser utilizado quando seu acesso começou a ser cobrado. Apesar da tentativa de contatos com a Equipe ooVoo para exposição da intenção pedagógica do Laboratório de Teletandem e seus usuários, as gravações no ooVoo não puderam mais ser realizadas e foi necessário procurar outros aplicativos de gravações/captura de tela gratuitos.

As diferenças de fuso horário e a não compatibilidade de períodos letivos, algumas vezes, prejudicaram as parcerias de teletandem aqui enfocadas. O gerenciamento em tais situações é fundamental e os parceiros têm autonomia para negociar as diferenças. Não é aconselhável simplesmente interromper o teletandem e deixar o parceiro esperando a volta às aulas para a retomada das interações, sem quaisquer esclarecimentos a respeito do período em que um dos estudantes estará afastado. Sugere-se que haja um comunicado e, em seguida, um entendimento de ambas as partes em relação ao período de férias, como apontam os excertos 36, 37, 38 e 39. O mesmo deveria ocorrer com os feriados em que a maioria dos estudantes deixa a universidade, temporariamente, e volta à sua cidade de origem (ver excerto 40).

Este é um momento muito profícuo para este gerenciamento que irá ocorrer na forma de acordos e negociações, onde cada parceiro aponta suas questões e, em conjunto, buscam um consenso para a situação/problema.

Assim, em termos de pesquisa, tendo-se em vista a fase de implementação do projeto Teletandem Brasil, há diferenças entre dados observados no estágio inicial do projeto (2005-2007) e dados coletados de 2008 a 2009. Os primeiros passos sempre são mais desafiadores e, ao testar ideias e equipamento, notam-se dificuldades. Com o passar do tempo, os erros tendem a ser evitados e não mais repetidos e as coisas tendem a engrenar com mais facilidade.

Não posso deixar de mencionar as diferenças de agendas entre os parceiros de teletandem. Muitas vezes, com propósitos demasiadamente diferentes, situações conflitantes surgiram. Por exemplo, alguns parceiros faziam teletandem com a finalidade de cumprir créditos para determinada disciplina em que estavam inscritos (casos principalmente encontrados entre parceiros estrangeiros) e não pelo prazer de aprender por meio de um teletandem com o parceiro estrangeiro.

Observou-se que a cordialidade, clareza e precisão no envio dos e-mails, principalmente iniciais, são qualidades fundamentais da comunicação inicial para agilizar o início das parcerias, evitando ansiedades e demora desnecessárias. Em algumas parcerias, o insucesso gerado pela reticente comunicação, deixando dúvidas e lacunas na compreensão da mensagem, provoca delongas no início das interações ou desencontros. Em outras situações, nota-se o comprometimento das parcerias devido a e-mails de cancelamento e reagendamento de sessão enviados tardiamente e não a tempo hábil para que o outro recebesse a informação.

Uma lacuna nesta experiência com a telecolaboração foi a ausência de um mediador para as parcerias de teletandem. Em minha experiência, penso que se a mediação tivesse sido regularmente oferecida a estes aprendizes, a Coordenação do Teletandem Brasil ficaria responsável pelas questões de logística das parcerias como formação dos pares, envio do e-mail de emparelhamento, reposição de parcerias, não havendo necessidade de envolvimento com questões de cunho pedagógico, que ficariam sob responsabilidade do mediador. Este poderia aprofundar seu trabalho junto aos pares, brasileiros e estrangeiros, propondo encontros presenciais ou virtuais, se necessário, discussões e buscando apontar opções diante de conflitos ou dificuldades enfrentadas pelos estudantes, de forma ágil.

Em relação ao e-mail de emparelhamento enviado aos pares, o mediador poderia, com slides ou, até mesmo, curtos vídeos, destacar os pontos de maior relevância e agendar um encontro, presencial ou virtual, para se apresentar aos pares e oferecer este subsídio antes do início das parcerias, considerando que sua leitura, muitas vezes, não é eficiente pelos estudantes.

No que concerne à figura do mediador, entendo que possa haver acordos entre os pares acerca da necessidade de recorrência eventual a este auxílio ou da permanência constante desta figura para acompanhar o desenvolvimento do teletandem. Mas penso que a presença do mediador em si, associada às ações de sessões de reflexão e confecção de diários reflexivos junto aos parceiros seja de essencial importância. A mediação deveria ser constantemente disponibilizada e ter sua importância enfatizada.

Considerações finais e encaminhamentos

Passo agora para algumas considerações finais acerca da experiência telecolaborativa retratada aqui.

É importante destacar a necessidade da habilidade dos aprendizes para fazerem os contatos iniciais com seus respectivos parceiros. Os processos de acordos e negociação entre os pares muitas vezes dão voltas e voltas desnecessárias antes de iniciar o teletandem. Aqui, cabe dizer que tais processos não garantem o início das interações em teletandem. Ou seja, algumas parcerias passam por longos processos de negociação inicial mas, infelizmente, não conseguem efetivar o teletandem e os parceiros desistem antes mesmo de iniciarem as interações.

É importante ressaltar que as práticas pedagógicas deste século XXI foram marcadas pelo tradicionalismo e que as inovações começam a fazer parte do cenário educacional a partir das oportunidades promissoras geradas pelas TICs. Assim, é relevante o papel do professor na mediação destes aprendizes de modo que se desprendam das práticas pedagógicas do passado e caminhem para a autonomia, reflexão, reciprocidade na aprendizagem significativa e autêntica.

Dessa forma, é bastante compreensível que os aprendizes apresentem dificuldades ao se engajar em um ambiente onde a autonomia é um conceito a ser, de fato, vivenciado. Esses aprendizes, possivelmente, nunca tenham experimentado a responsabilidade, a reflexão e o gerenciamento autônomo de seus processos de aprendizagem.

Como um encaminhamento deste estudo, consta a constituição de um grupo de orientadores e mediadores no Laboratório de Teletandem, a fim de gerenciar a logística que envolve a formação das parcerias, as interações, as sessões de orientação (presencial e virtual) e de mediação.

Entendo ser importante salientar que o Projeto Teletandem Brasil não contemplou, em sua criação, o teletandem realizado entre grupos de alunos brasileiros e grupos de alunos estrangeiros. As inscrições, como já descritas, eram, inicialmente, feitas pelos próprios alunos no *website* do Projeto. Todavia, a partir de 2010, notamos alguns ajustes e ações inovadoras no cenário das ações em teletandem.

A partir de sólidas parcerias entre a Unesp e universidades estrangeiras, os professores no exterior passaram a inscrever suas turmas inteiras e incorporar as práticas em teletandem ao curso de Língua Portuguesa lá ministrado. Assim, no horário das aulas de português, no exterior, o professor acompanha toda turma no laboratório para as interações. No Brasil, grupos também são formados, mas não necessariamente com alunos de uma mesma turma, e as sessões contam com alunos e um professor/pesquisador/mediador para organização e mediação das atividades realizadas.

Ressaltamos que a mediação, antes realizada de maneira tímida, como foi descrita neste livro, no momento atual se dá de forma sistematizada ao final das interações, com todo grupo brasileiro visando discutir questões pertinentes à aprendizagem e fomentar a reflexão. Alguns professores estrangeiros optam por realizar a mediação em aulas subsequentes com seus alunos.

Concluo, assim, com a compreensão de que minha experiência abordou um aspecto das parcerias de teletandem que envolve os processos de negociação desencadeados pela interação. Entretanto, investigações ainda se fazem necessárias para que as parcerias possam ser auxiliadas de modo a desfrutar totalmente das potencialidades e maximizar o ensino/aprendizagem de línguas estrangeiras via teletandem.

Reconhece-se, também, que, neste contexto inovador em cenário brasileiro, são necessários mais estudos que deem conta de elucidar, de forma mais completa, os processos de mediação no Brasil e nos países parceiros, os processos interacionais, as estratégias utilizadas pelos aprendizes para atingir seus objetivos de aprendizagem, o uso dos aplicativos (o que os aprendizes utilizam e como o fazem), entre outros.

Espero que esta minha experiência seja fomentadora de outras em contextos de institutos de idiomas, escolas públicas e privadas em cenário brasileiro. A utilização das tecnologias no processo de ensino e aprendizagem de línguas estrangeiras constitui-se um caminho desafiador, mas muito intrigante e instigante.

REFERÊNCIAS BIBLIOGRÁFICAS

ADAIR, W. L.; BRETT, J. M. Culture and negotiation processes. In: GELFAND, M. J.; BRETT, J. M. *The handbook of negotiation and culture*. Stanford: Stanford University Press, 2004, p.158-176.

AMARAL, M. J., et al. D. O papel do supervisor no desenvolvimento do professor reflexivo – estratégias de supervisão. In: ALARCÃO, I. (Org.) et al. *Formação reflexiva de professores – estratégias de supervisão*. Porto (Portugal): Porto Editora, 1996, p.89-122.

ANDRÉ, M. E. D. A. *Etnografia da prática escolar*. 4.ed. Campinas: Papirus, 2000.

ARGYRIS, C.; SCHÖN, D. A. *Theory in practice: increasing professional effectiveness*, 1992.

BEDRAN, P. F. *A (re)construção das crenças do par interagente e dos professores mediadores no teletandem*. São José do Rio Preto, 2008. Dissertação (Mestrado em Estudos Linguísticos) – Instituto de Biociências, Letras e Ciências Exatas, Universidade Estadual Paulista (Unesp).

BELZ, J. A. Social dimensions of telecollaborative foreign language study. *Language Learning & Technology*, v.6, n.1, 2002a, p.60-81. Disponível em: <http://llt.msu.edu/vol6num1/BELZ/default.html>. Acesso em: 25 maio 2011.

_____. From the special issue editor. *Language Learning & Technology*, v.7, n.2, 2003a, p.2-5. Disponível em: <http://llt.msu.edu/vol-7num2/speced.html>. Acesso em: 25 maio 2011.

_____. Linguistic perspectives on the development of intercultural competence in telecollaboration. *Language Learning & Technology*, v.7, n.2, 2003b, p.68-117. Disponível em: <http://llt.msu.edu/vol-7num1/belz/default.html>. Acesso em: 25 maio 2011.

BRAGA, J. C. F. *Aprendizagem de línguas em regime de tandem via e-mail*: colaboração, autonomia e estratégias sociais e de compensação. Belo Horizonte, 2004. Dissertação. (Mestrado em Linguística Aplicada) – Faculdade de Letras, UFM.

BRAMMERTS, H. *Language learning in Tandem. Definition, Tandem principles, Tandem organizers, bibliography*. 1995. Disponível em: <http://www.slf.ruhr-uni-bochum.de/learning/idxeng11.html>. Acesso em: 1 mar. 2006.

_____. Autonomous language learning in tandem. In: LEWIS, T.; WALKER, L. (Eds.). *Autonomous language learning In-Tandem*. Sheffield, UK: Academy Electronic Publications, 2003, p.27-36.

_____. Oficina Tandem Counselling ministrada no Laboratório de Teletandem. Unesp, *campus* de Assis. 2008.

BRAMMERTS, H.; CALVERT, M. Learning by communicating in tandem. In: LEWIS, T.; WALKER, L. (Eds.). *Autonomous language learning In-Tandem*. Sheffield, UK: Academy Electronic Publications, 2003, p.45-60.

BOGDAN, R. D.; BIKLEN, S. K. *Qualitative research for education*. Boston: Allyn and Bacon, 1998.

BURNS, A. *Collaborative research for English language teachers*. Cambridge: Cambridge University Press, 1999.

BYERS, P. Communication: cooperation or negotiation? *Theory into Practice*, v.24, n.1, 1985, p.71-6.

BROCCO, A. S. *A gramática em contexto teletandem e em livros didáticos de português como língua estrangeira*. São José do Rio Preto, 2009. Dissertação (Mestrado em Estudos Linguísticos) – Instituto de Biociências, Letras e Ciências Exatas, Universidade Estadual Paulista (Unesp). Disponível em: <http://www.teletandembrasil.org/site/docs/BROCODISS.pdf.>. Acesso em: 10 jan. 2011.

BUZATO, M. E. K. *O letramento eletrônico e o uso do computador no ensino de língua estrangeira: contribuições para a formação de professores*. Campinas, 2001. Dissertação (Mestrado em Estudos da Linguagem) – Instituto de Estudos da Linguagem, Universidade Estadual de Campinas (Unicamp).

CAVALARI, S. M. S. *A autoavaliação em um contexto de ensino-aprendizagem de línguas estrangeiras em tandem via chat*. São José do Rio Preto, 2009. Tese (Doutorado em Estudos Linguísticos) – Instituto de

Biociências, Letras e Ciências Exatas, Universidade Estadual Paulista (Unesp). Disponível em: <http://www.teletandembrasil.org/site/docs/SPATI.pdf>. Acesso em: 22 jul. 2009.

CELANI, M. A.; COLLINS, H. Critical Thinking in Reflective Sessions and in Online Interactions. *AILA Review,* 18, 2005, p.41-57.

CHAUDRON, C. *Second language classrooms:* research on teaching and learning. New York: Cambridge University Press, 1988.

CHAPELLE, C. Multimedia CALL: lessons to be learned from research on instructed SLA. *Language Learning & Technology,* v.2, n.1, 1998, p.22-34. Disponível em: <http://llt.msu.edu/vol2num1/article1/index.html>. Acesso em: 22 abr. 2009.

CZIKO, G. A. Electronic tandem language learning (eTandem): A third approach to second language learning for the 21st century. *Computer--Assisted Language Instruction Consortium Journal,* v.22, n.1, 2004, p.25-39.

DE SOUZA, L. F. Sessão de Orientação Prática. Material didático. 2008.

DELLILE, K. H.; CHICHORRO FERREIRA, A. (Eds.). *Aprendizagem autónoma de línguas en Tandem.* Lisboa: Colibri, Faculdade de Letras da Universidade de Coimbra, 2002. (Textos pedagógicos e didácticos, 12)

DENZIN N. K.; LINCOLN, Y. S. *Strategies of qualitative inquiry.* Thousand Oaks: Sage, 1998.

DILTHEY, W. The Hermeneutics of the Human Sciences. In: MUELLER-VOLLMER, K. *The Hermeneutics reader.* New York: Continuum. 1994, p.148-64.

DOUGHTY, C.; PICA, T. "Information-gap" tasks: do they facilitate second language acquisition? *TESOL Quarterly,* v.20, n.2, 1986, p.305-26.

DOUGHTY, C.; WILLIAMS, J. (Ed.). *Focus on form in classroom second language acquisition.* Cambridge: Cambridge University Press, 2004.

ELLIS, R. Theoretical perspectives on interaction in language learning. In: ELLIS, R. (Ed.). *Learning a second language through interaction.* Amsterdam: John Benjamins, 1999.

ERICKSON, F. Qualitative methods in research on teaching. In: WITTROCK, M. C. (Ed.). *Handbook of research on teaching.* London: Macmilian, 1986.

FOSTER, P. A classroom perspective on the negotiation of meaning. *Applied Linguistics,* v.9, n.1, 1998, p.1-23.

FOSTER, P.; OTHA, A. S. Negotiation for meaning and peer assistance in second language classrooms. *Applied Linguistics*, v.26, n.3, 2005, p.402-30.

FUNO, L. B. A. *Teletandem e formação contínua de professores vinculados à rede pública de ensino do interior paulista: um estudo de caso*. São José do Rio Preto, 2011. Dissertação (Mestrado em Estudos Linguísticos) – Instituto de Biociências, Letras e Ciências Exatas, Universidade Estadual Paulista "Júlio de Mesquita Filho" (Unesp). Disponível em: <http://www.teletandembrasil.org/site/docs/FUNO.pdf.>. Acesso em: 25 maio 2011.

FIGUEIREDO, F. J. Q. (Org.). *A aprendizagem colaborativa de línguas*. Goiânia: Editora da UFG, 2006.

GARCIA, D. N. M. *O uso da escrita em língua estrangeira (inglês) por meio dos diários dialogados eletrônicos*. Assis, 2003. Dissertação. (Mestrado em Letras)– Faculdade de Ciências e Letras, Universidade Estadual Paulista "Júlio de Mesquita Filho" (Unesp).

_____. *Teletandem: acordos e negociações entre os pares*. São José do Rio Preto, 2010. Tese (Doutorado em Estudos Linguísticos) – Instituto de Biociências, Letras e Ciências Exatas, Universidade Estadual Paulista "Júlio de Mesquita Filho" (Unesp). Disponível em: <http://www. teletandembrasil.org/site/docs/GARCIA.pdf>. Acesso em: 20 mar. 2011.

GARCIA, D. N. M.; LUVIZARI, L. H. Aprendizagem de línguas em tandem como espaço para o desenvolvimento de habilidades de negociação e competência intercultural na formação de professores de línguas. In: TELLES, J. A (Org.). *Teletandem:* um contexto virtual, autônomo e colaborativo para aprendizagem de línguas estrangeiras no século XXI. Campinas: Pontes Editores, 2009, p.185-97.

GASS, S. M.; VARONIS, E. M. Task variation and nonnative/nonnative negotiation of meaning. In: GASS, S.; MADDEN, C. (Eds.). *Input in second language acquisition*. Rowley, MA: Newbury House, 1985, p.149-61.

GASS, S. M; SELINKER, L. *Second language acquisition*. Hillsdale, NJ: Lawrence Erlbaum, 1994.

GELFAND, M. J.; BRETT, J. M. *The handbook of negotiation and culture*. Stanford: Stanford University Press, 2004.

GHEDIN, E. Professor reflexivo: da alienação da técnica à autonomia da crítica. In: PIMENTA, S. G.; GHEDIN, E. (Orgs). *Professor reflexivo no Brasil: gênese e crítica de um conceito. 2.* ed. São Paulo: Cortez, 2002, p.129-50.

GOMES DE SOUZA, M. Sessão de Orientação Teórica. Material didático. 2008.

GRONDIN, J. *Introduction to Philosophical Hermeneutics.* Translated by Joel Weinsheimer. New Haven: Yale University Press, 1994.

HARTMAN, H. Scaffolding & Cooperative Learning. *Human Learning and Instruction.* New York: City College of City University of New York, 2002, p.23-69.

HEIDE, A.; STILBORNE, L. *Guia do professor para a Internet:* completo e fácil. Trad. Edson Furmankiewz, 2.ed. Porto Alegre: Artes Médicas Sul, 2000.

HERMANN, N. *Hermenêutica e educação.* Rio e Janeiro, DP&A Editora, 2002.

HOLEC, H. *Autonomy and foreign language learning.* Oxford: Pergamon, 1981.

HOUAISS, A. *Dicionário Houaiss da Língua Portuguesa.* Rio de Janeiro: Objetiva, 2001.

JOHN, E. S.; WHITE, L. Nothing to say? Suggestions for tandem learning. In: LEWIS, T.; WALKER, L. (Eds.). *Autonomous language learning In-Tandem.* Sheffield, UK: Academy Electronic Publications, 2003, p.61-70.

KANEOYA, M. C. K. *A formação inicial de professoras de línguas para/ em contexto mediado pelo computador (teletandem): um diálogo entre crenças, discurso e reflexão profissional.* São José do Rio Preto, 2008. Tese (Doutorado em Estudos Linguísticos) – Instituto de Biociências, Letras e Ciências Exatas, Universidade Estadual Paulista "Júlio de Mesquita Filho" (Unesp).

KINGINGER, C. Toward a Reflective Practice of TA Education. In: KRAMSCH, C.(Ed.). *Redrawing the boundaries of language study.* Boston: Heinle & Heinle, 1996, p.123-42. (Annual Volume of the American Association of University Supervisors and Coordinators)

KITADE, K. The negotiation model in asynchronous computer-mediated communication. *Computer Assisted Language Instruction Consortium (Calico) Journal,* v.23, n.2, 2006, p.319-48.

LEE, K. English teachers' barriers to the use of Computer-assisted Language Learning. *The Internet TESL Journal,* v.VI, n.12, December 2000. Disponível em: <http://iteslj.org/Articles/Lee-CALLbarriers.html>. Acesso em: 28 abr. 2009.

LEFFA, V. J. A aprendizagem de línguas mediada por computador. In: LEFFA, V. J. (Org.). *Pesquisa em linguística aplicada:* temas e métodos. Pelotas: Educat, 2006, p.11-36.

LEWIS, M. *The lexical approach:* the state of ELT and the way forward. Hove, UK: Language Teaching Publications, 1993.

LEWIS, T.; WALKER, L. (Eds.). *Autonomous language learning In-Tandem.* Sheffield, UK: Academy Electronic Publications, 2003.

LIMA, M. S. L.; GOMES, M. O. Redimensionando o papel dos profissionais da educação: algumas considerações. In: PIMENTA, S. G.; GHEDIN, E. (Orgs). *Professor reflexivo no Brasil: gênese e crítica de um conceito.* 2.ed. São Paulo: Cortez, 2002, p.163-86.

LITTLE, D. Freedom to learn and compulsion to interact: promoting learner autonomy through the use of information systems and information technologies. In: PEMBERTON, R.; LI, E. S. L.; OR, W. W. F.; PIERSON, H. D. (Eds.). *Taking control:* autonomy in language learning. Hong Kong: Hong Kong University Press, 1996, p.193-209.

LITTLE, D. Learner autonomy and second/foreign language learning. In: LTSN SUBJECT CENTRE FOR LANGUAGES. *The guide to good practice for learning and teaching in languages, linguistics and area studies.* Linguistics and Area Studies, University of Southampton, 2003. Disponível em: <http://www.llas.ac.uk/resources/gpg/1409#ref12>. Acesso em: 11 jun. 2009.

LITTLE, D. et al. Evaluating tandem language learning by e-mail: report on a bilateral project. *CLCS Occasional Paper,* n.55. Trinity College Dublin, 1999.

LITTLE, D.; DAM, L. *Learner autonomy:* what and why? 1998. Disponível em: <http://www.jalt-publications.org/tlt/files/98/oct/littledam.html>. Acesso em: 20 ago. 2008.

LITTLE, D.; USHIODA, E. Designing, implementing and evaluating a project in tandem language learning via e-mail. *ReCALL,* v.10, n.1, 1998, p.95-101.

LONG, M. H. Linguistic and conversational adjustments to non-native speakers. *Studies in Second Language Acquisition,* n.5, 1983, p.177-93.

LONG, M. H. Focus on form: a design feature in language teaching methodology. In: DEBOT, K.; GINSBERG, R.; KRAMSCH, C. (Eds.). *Foreign language research in cross cultural perspective.* Amsterdam: John Benjamins, 1991, p.39-52.

LONG, M. H.; ROBINSON, P. In press. Focus on form: theory, research, and practice. In: DOUGHTY, C.; WILLIAMS, J. (Eds.).

Focus on form in classroom second language acquisition. Cambridge: Cambridge University Press, 1998, p.15-41.

LUZ, E. B. P. *A construção da autonomia no processo de ensino e aprendizagem de línguas em ambiente virtual (in-teletandem)*. São José do Rio Preto, 2009. Dissertação (Mestrado em Estudos Linguísticos) – Instituto de Biociências, Letras e Ciências Exatas, Universidade Estadual Paulista "Júlio de Mesquita Filho" (Unesp).

LUZ, E. B. P e CAVALARI, S. M. S. Teletandem Brasil: uma discussão sobre o desenvolvimento da aprendizagem autônoma. In: TELLES, J. A (Org.). *Teletandem: um contexto virtual, autônomo e colaborativo para aprendizagem de línguas estrangeiras no século XXI*. Campinas: Pontes Editores, 2009, p.201-20.

LYSTER, R. Negotiation in immersion teacher-student interaction. *International Journal of Educational Research, n.37, 2002*, p.237-53.

LYSTER, R.; RANTA, L. Corrective feedback and learner uptake: Negotiation of form in communicative classrooms. *Studies in Second Language Acquisition, n.19, 1997*, p.37-66.

MACKEY, A., GASS, S.; MCDONOUGH, K. How do learners perceive interactional feedback. *Studies in Second Language Acquisition, v.22, n.4, 2000*, p.471-97.

MARCUSCHI, L. A. *Da fala para a escrita:* atividades de retextualização. São Paulo: Cortez, 2001.

MENDES, C. M. *Crenças sobre a língua inglesa:* o antiamericanismo e sua relação com o processo de ensino-aprendizagem de professores em formação. São José do Rio Preto, 2009. Dissertação (Mestrado em Estudos Linguísticos) – Instituto de Biociências, Letras e Ciências Exatas, Universidade Estadual Paulista "Júlio de Mesquita Filho" (Unesp).

MESQUITA, A. A. F. *Crenças e práticas de avaliação no processo interativo e na mediação de um par no tandem a distancia:* um estudo de caso. São José do Rio Preto, 2008. Dissertação (Mestrado em Estudos Linguísticos) – Instituto de Biociências, Letras e Ciências Exatas, Universidade Estadual Paulista "Júlio de Mesquita Filho" (Unesp).

MEZIROW, J. et al. *Fostering critical reflexion in adulthood.* San Francisco, California: Jossey-Bass, 1990.

MEZIROW, J. *Transformative dimensions of adult learning.* San Francisco, California: Jossey-Bass, 1991.

_____. *Learning as transformation:* critical perspectives on a theory in progress. San Francisco: Jossey-Bass, 2000.

MORAN, J. M. *Mudar a forma de ensinar e de aprender com tecnologias.* [ca. 2001]. Disponível em: <http://www.eca.usp.br/prof/moran/uber.htm>. Acesso em: 1 ago. 2003.

MOREIRA, F. H. S. *Yes*, nós temos computador – ideologia e formação de professores na era da informação. *Trabalhos em Linguística Aplicada*, v.43, n.1, 2004, p.127-37.

O'DOWD, R.; RITTER, M. Understanding and working with failed communication in telecollaborative exchanges. *CALICO Journal*, v.23, n.3, 2006, p.623-42.

OLIVER, R. The patterns of negotiation for meaning in child interactions. *The Modern Language Journal*, v.86, n.1, 2002, p.97-111.

O'ROURKE, B. Form-focused interaction in online Tandem learning. *CALICO Journal*, v.22, n.3, 2005, p.433-66. Disponível em: <http://www.personal.psu.edu/slt13/589_s2007/04_O'Rourke.pdf>. Acesso em: 20 abr. 2008.

PAIVA, V. L. M. O. A sala de aula tradicional X a sala de aula virtual. In: CONGRESSO DE ASSOCIAÇÃO DE PROFESSORES DE LÍNGUA INGLESA DO ESTADO DE MINAS GERAIS, 3. 2001, Belo Horizonte. *Anais...* Belo Horizonte, 2001a. p.129-45. Disponível em: <http://www.veramenezes.com/virtual.htm>. Acesso em: 10 jun. 2009.

_____. A www e o ensino de inglês. *Revista Brasileira de Linguística Aplicada*, v.1, n.1, 2001b, p.93-113. Disponível em: <http://www.veramenezes.com/www.htm>. Acesso em: jun. 2009.

_____. A pesquisa sobre interação e aprendizagem de línguas mediadas pelo computador. *Calidoscópio*. São Leopoldo, v.3, n.1, jan.-abr. 2005, p.5-12. Disponível em: <http://www.veramenezes.com/cmc.htm>. Acesso em: jun. 2009.

PICA, T. Questions from the language classroom: research perspectives. *Tesol Quarterly*, v.28, n.1, 1994, p.49-79.

_____.Research on negotiation: what does it reveal about second-language learning conditions, processes, and outcomes? *Language Learning*, v.44, n.3, 1994a, p.493-527.

_____. Do second language learners need negotiation? *IRAL*, v.34, n.1, 1996, p.1-17.

PUTNAM, L. L.; ROLOFF, M. E. (Eds.). *Communication and negotiation.* Newbury Park, CA: Sage, 1992, p.1-14. (Sage Annual Review Series, 20). Disponível em: <http://www.mhhe.com/socscience/worldlanguages/instructor/ch01.pdf>. Acesso em: 5 fev. 2008.

QIN, G. The lexical approach and its implications for EFL teaching in China. *Sino-US English Teaching*, v.2, n.7 (serial n.19), jul. 2005, p.9-13.

ROSSI DOS SANTOS, G. *Características da interação no contexto de aprendizagem in-tandem.* São José do Rio Preto, 2008. Dissertação (Mestrado em Estudos Linguísticos) – Instituto de Biociências, Letras e Ciências Exatas, Universidade Estadual Paulista "Júlio de Mesquita Filho" (Unesp). Disponível em: <http://www.teletandembrasil.org/site/docs/DissertacaoGersonRossi.pdf>. Acesso em: 10 jun. 2009.

SALABERRY, M. R. The theoretical foundation for the development of pedagogical tasks in computer mediated communication. *CALICO Journal*, v.14, n.1, 1996, p.5-34.

SALOMÃO, A. C. B. Gerenciamento e estratégias pedagógicas na mediação dos pares no teletandem e seus reflexos para as práticas pedagógicas dos interagentes. São José do Rio Preto, 2008. Dissertação (Mestrado em Estudos Linguísticos) – Instituto de Biociências, Letras e Ciências Exatas, Universidade Estadual Paulista "Júlio de Mesquita Filho" (Unesp).

SALOMÃO, A. C. B. et al. A aprendizagem colaborativa em tandem: um olhar sobre seus princípios. In: TELLES, J. A. (Org.). *Teletandem:* um contexto virtual, autônomo e colaborativo para aprendizagem de línguas estrangeiras no século XXI. Campinas: Pontes Editores, 2009, p.75-92.

SALTIEL, I. M. Defining collaborative partnerships. In: SALTIEL, I. M.; SGROI, A.; BROCKETT, R. (Eds.). *The power and potential of collaborative learning partnerships.* San Francisco: Jossey-Bass Publishers, 1998, p.5-11.

SCHARLE, A.; SZABÓ, A. *Learner autonomy:* a guide to developing learner responsibility. Cambridge: Cambridge University Press, 2000.

SCHÖN, D. *The reflective practitioner:* how professional think in action. Aldershot Hants: Avebury, 1983.

SCHWIENHORST, K. Matching pedagogy and technology – Tandem learning and learner autonomy in online virtual language environments. *Language Teaching On-Line,* 1998. Disponível em: <http://www.tcd.ie/CLCS/assistants/kschwien/Publications/ECReport-print.htm>. Acesso em: 16 abr. 2006.

SCHWIENHORST, K.; BORGIA, A. Monitoring bilingualism: pedagogical implications of the bilingual Tandem analyzer. *CALICO Journal,* v.23, n.2, 2006, p.349-62.

SHEKARY, M.; TAHRIRIAN, M. H. Negotiation of meaning and noticing in text-based online chat. *Modern Language Learning*, v.90, n.IV, 2006, p.557-73.

SILVA, A. C. *O desenvolvimento intra-interlinguistico intandem à distância (português e espanhol)*. São José do Rio Preto, 2008. Dissertação (Mestrado em Estudos Linguísticos) – Instituto de Biociências, Letras e Ciências Exatas, Universidade Estadual Paulista "Júlio de Mesquita Filho" (Unesp).

SMITH, B. The relationship between scrolling, negotiation, and self--initiated self-repair in an SCMC environment. *CALICO Journal*, v.26, n.2, 2009, p.231-45.

SOUZA, R. A. *O chat em língua inglesa: interações nas fronteiras da oralidade e da escrita*. Belo Horizonte, 2000. Dissertação (Mestrado em Letras: Linguística Aplicada) – Faculdade de Letras, UFMG.

_____. *Aprendizagem de línguas em tandem*: estudo da telecolaboração através da comunicação mediada por computador. Belo Horizonte, 2003. Tese (Doutorado em Letras: Linguística Aplicada) – Faculdade de Letras, UFMG.

_____. Telecolaboração e divergência em uma experiência de aprendizagem de português e inglês como línguas estrangeiras. *Revista Brasileira de Linguística Aplicada*, v.3, n.2, 2003b. p.73-96.

_____. Aprendizagem em regime Tandem: uma alternativa no ensino de línguas estrangeiras online. In: ARAÚJO, J. C. (Org.). *Internet & ensino*: novos gêneros, outros desafios. Rio de Janeiro: Lucerna, 2007, p.205-20.

SOUZA, R. A.; ALMEIDA, D. C. O computador tutor e o computador ferramenta no ensino de línguas – reflexões a partir de dois estudos de caso. *Revista Linguagem & Ensino*, v.10, n.1, 2007. p.15-45.

SPANGLE, M. L.; ISENHART, M. W. *Negotiation*: communication for diverse settings. Thousand Oaks, CA: Sage Publications, 2002.

STAHL, G. *Supporting knowledge negotiation in virtual classrooms*. 2002. Disponível em: <http://l3d.cs.colorado.edu/calendar/ay2001-2002/attachments/GerryonNegotiation.pdf>. Acesso em: 20 jun. 2009.

SCHWANDT, T. A. Constructivist, interpretativist approaches to human inquiry. In: DENZIN N. K.; LINCOLN, Y. S. *The landscape of qualitative research*: theories and issues. Thousand Oaks, CA: Sage Publications, 1998.

TELLES, J. A. *Projeto Teletandem Brasil*: línguas estrangeiras para todos – ensinando e aprendendo línguas estrangeiras in-tandem via

MSN Messenger. Faculdade de Ciências e Letras de Assis, Unesp, 2006. Disponível em: <http://www.teletandembrasil.org/site/docs/TELETANDEM_BRASIL_completo.pdf>. Acesso em: 2 ago. 2007.

_____. *Do we really need a webcam? – The uses that foreign language students make out of webcam images during teletandem sessions.* Paper presented at the iLearning Forum 2009a. Paris, Palais des Congrès, jan. 2009. Disponível em: <http://www.teletandembrasil.org/site/docs/TELLESwebcam.pdf>. Acesso em: 10 ago. 2009.

_____. *Projeto temático – Teletandem Brasil:* línguas estrangeiras para todos. Relatório científico de coordenador do projeto relativo ao período 30/04/2008-29/04/2009. 2009b. Disponível em: <http://teletandembrasil.org/site/docs/RELATORIOGERALTELLES2.pdf>. Acesso em: 16 jun. 2009.

_____. Teletandem: metamorfoses impostas pela tecnologia sobre o ensino de línguas estrangeiras. In: TELLES, J. A (Org.). *Teletandem:* um contexto virtual, autônomo e colaborativo para aprendizagem de línguas estrangeiras no século XXI. Campinas: Pontes Editores, 2009c, p.63-74.

_____. Teletandem: conceito e ações para a prática e pesquisa. In: TELLES, J. A (Org.). *Teletandem:* um contexto virtual, autônomo e colaborativo para aprendizagem de línguas estrangeiras no século XXI. Campinas: Pontes Editores, 2009, p.17-8.

TELLES, J. A.; VASSALLO, M. L. Foreign language learning in-tandem: Teletandem as an alternative proposal in CALLT. *The ESPecialist*, v.27, n.2, 2006, p.189-212.

_____. Teletandem: uma proposta alternativa no ensino/aprendizagem assistidos por computadores. In: TELLES, J. A (Org.). *Teletandem:* um contexto virtual, autônomo e colaborativo para aprendizagem de línguas estrangeiras no século XXI. Campinas: Pontes Editores, 2009, p.43-61.

TERZIAN, G. M. *Negociação em chats educacionais.* São Paulo, 2004. Dissertação (Mestrado em Linguística Aplicada e Estudos da Linguagem) – Pontifícia Universidade Católica de São Paulo.

THORNE, S. L. Mediating Technologies and Second Language Learning. In: LEU, D.; COIRO, J.; LANKSHEAR, C.; KNOBEL, M. (Eds.). *Handbook of research on new literacies*, 2008, p.417-49.

VAN MANEN, M. *Researching lived experience:* human science for an action sensitive pedagogy. London, Ontario: Althouse Press, 1990.

VAN DEN BRANDEN, K. Effects of negotiation on language learner's output. *Language Learning*, v.47, n.4, 1997, p.589-636.

_____. Does negotiation of meaning promote reading comprehension? A study of multilingual primary school classes. *Reading Research Quarterly*, v.35, n.3, 2000, p.426-43.

VARONIS, E. M.; GASS, S. Non-native/non-native conversations: a model for negotiation of meaning. *Applied Linguistics*, n.6, 1985b, p.71-90.

VASSALLO, M. L. Pequeno dicionário de tandem. In: *Teletandem News – Boletim mensal do Grupo de Pesquisas TELETANDEM BRASIL – Línguas estrangeiras para todos.* n.2, set. 2006. Disponível em: <http://www.teletandembrasil.org/site/docs/Newsletter_Ano_I_n_2.pdf>. Acesso em: 1 out. 2006.

_____. Relações de poder em parcerias de teletandem. São José do Rio Preto, 2010. Tese (Doutorado em Estudos Linguísticos) – Instituto de Biociências, Letras e Ciências Exatas, Universidade Estadual Paulista "Júlio de Mesquita Filho" (Unesp).

VASSALLO, M. L.; TELLES, J. A. Foreign language learning *in-tandem*: theoretical principles and research perspectives. *The ESPecialist*, v.27, n.1, 2006, p.83-118.

_____. Ensino e aprendizagem de línguas em tandem: princípios teóricos e perspectivas de pesquisa. In: TELLES, J. A (Org.). *Teletandem:* um contexto virtual, autônomo e colaborativo para aprendizagem de línguas estrangeiras no século XXI. Campinas: Pontes Editores, 2009, p.21-42.

VYGOTSKY, L. S. *Mind in society:* the development of higher psychological processes. Cambridge, MA: Harvard University Press, 1978.

WALLACE, M. *Action research for language teachers.* Cambridge: Cambridge University Press, 1998.

WANG, Y. Negotiation of meaning in desktop videoconferencing-supported distance language learning. *ReCall*, v.18, n.1, 2006, p.122-46.

WARE, P. D.; KRAMSCH, C. Toward an intercultural stance: teaching German and English through telecollaboration. *The Modern Language Journal*, v.89, n.II, 2005, p.190-205.

WARE, P. D.; O'DOWD, R. Peer feedback on language form in telecollaboration. *Language Learning & Technology*, v.12, n.1, 2008, p.43-63. Disponível em: <http://llt.msu.edu/vol12num1/wareodowd/default.html>. Acesso em: 25 maio 2011.

WARSCHAUER, M. Computer-assisted language learning: an introduction. In: FOTOS, S. (Ed.). *Multimedia language teaching*. Tokyo: Logos International. 1996, p.3-20.

_____. A sociocultural approach to literacy and its significance for CALL. In: MURPHY-JUDY, K.; SANDERS, R. (Eds.). *NEXUS*: the convergence of language teaching and research using technology. Durham, North Carolina: Computer Assisted Language Instruction Consortium, 1997a.

_____. Computer-mediated collaborative learning: theory and practice. *Modern Language Journal*, v.81, 1997b, p.470-81.

_____. Online communication. In: CARTER, R.; NUNAN, D. (Eds.). *The Cambridge guide to teaching English to speakers of other languages*. Cambridge: Cambridge University Press, 2001, p.207-12.

_____. Technological change and the future of CALL. In: FOTOS, S.; BROWN, C. (Eds.), *New perspectives on CALL for second and foreign language classrooms*. Mahwah, NJ: Lawrence Erlbaum Associates, 2004, p.15-25.

_____. Sociocultural perspectives on CALL. In: EGBERT, J.; PETRIE, G. M. (Eds.). *CALL Research Perspectives*. Mahwah, NJ: Lawrence Earlbaum, 2005, p.41-51.

WARSCHAUER, M.; KERN, R. (Eds.). *Network-based language teaching*: concepts and practice. Cambridge: Cambridge University Press, 2000. (Applied Linguistics Series)

WEINGART, L. R.; OLEKALNS, M. Communication processes in negotiation: frequencies, sequences, and phases. In: GELFAND, M. J.; BRETT, J. M. *The handbook of negotiation and culture*. Stanford: Stanford University Press, 2004, p.143-57.

SOBRE O LIVRO

Formato: 14 x 21 cm
Mancha: 23,7 x 42,5 paicas
Tipologia: Horley Old Style 10,5/14
Papel: Off-set 75 g/m² (miolo)
Cartão Supremo 250 g/m² (capa)
1ª edição: 2013

EQUIPE DE REALIZAÇÃO

Coordenação Geral
Marcos Keith Takahashi

Impressão e Acabamento:

psi 7

Printing Solutions & Internet 7 S.A